高校入試対策

英語リスニング練習問題

実践問題集 東京都版
2025年春受験用

contents

JN131910

K 教英出版

① **基本問題集（別冊）**

英語リスニング問題を **7 章の出題パターン別**に練習できる問題集です。
東京都公立高校入試の英語リスニング問題の**出題パターンを重点的**に練習できます。

② **解答集（別冊）**

①基本問題集の解答・解説・放送文・日本語訳などを収録。すべての問題の**放送文と日本語訳を
見開きページで見る**ことができ，単語や表現を１つずつ照らし合わせながら復習ができます。

③ **実践問題集東京都版（この冊子）**

東京都公立高校入試の**過去問題**(２回分)と，形式が似ている**実践問題**(３回分)を収録。
東京都公立高校入試の**出題パターンの把握**や**入試本番に向けての練習**に最適です。

実践問題集 東京都版 の特長と使い方

東京都公立高校入試で**実際に出題された**問題です。

東京都公立高校入試と**出題パターンが似ている**問題です。

２ページの**過去の典型的な出題パターンと対策**で出題パターンを把握してから，**過去問題と実践問題**
に進んでください。問題を解いた後に**解答例と解説**を見て，**答えにつながる聴き取れなかった部分を
聴き直す**と効果的です。別冊の**基本問題集**で**出題パターン別**に練習して，**出題パターンに合った実力**
をつけてからこの冊子に進むと，**過去問題と実践問題**をよりスムーズに解くことができます。

教英出版ウェブサイトの「**ご購入者様のページ**」に下記の「**書籍ＩＤ番号**」を入力して音声を聴いてく
ださい。

ID **190013** （有効期限 2025 年 9 月） ＩＤの入力はこちらから→

過去の典型的な出題パターンと対策

▶ 対話や英文と質問(1つ)···対話や英文を聞き,質問の答えを選ぶ　⇔ 別冊　第3章

放送文

```
A  :  What do you want to eat for lunch?
B  :  Well...  I'd like to have an omelet and some coffee.  How about you, Tomoya?
A  :  I'm very hungry.  So I'd like to have a hamburger and some milk.
B  :  Then, shall we eat at a cafeteria near the station?
質問します。        What is Tomoya going to have for lunch?
```

問題

対話を聞いて,質問に合うものをア～エから1つ選び,記号を書きなさい。

ア. An omelet and some coffee.　　イ. An omelet and some milk.
ウ. A hamburger and some coffee.　エ. A hamburger and some milk.

▶ 英文と質問(複数)···英文を聞き,複数の質問の答えを選ぶ　⇔ 別冊　第6章

放送文

```
    Now I'm going to talk about my classes in Japan.  We often make groups and learn
a lot of things from each other.  Talking with the group members is very important for
us because we can share different ideas.  Here in America, I want to enjoy classes.  So I
will try to exchange ideas with you in English.

Questions:  No. 1  Why does Sakura talk in groups during her classes in Japan?
            No. 2  What does Sakura want to say in her speech?
```

問題

英文を聞いて,それぞれの質問に合うものをア～エから1つ選び,記号を書きなさい。

No. 1　ア　To make groups.　　　　　　　No. 2　ア　How she learns in her classes.
　　　　イ　To write a letter.　　　　　　　　　　イ　Which university she wants to go to.
　　　　ウ　To share different ideas.　　　　　　　ウ　When she decided to go to America.
　　　　エ　To see many friends.　　　　　　　　　エ　Who taught her English in Japan.

▶ 作文···対話や英文を聞き,英文で答える　⇔ 別冊　第7章

放送文

```
  Jack  :  Mom, can I have breakfast at 6 tomorrow?
Mother  :  It's Saturday tomorrow.  Do you have classes?
  Jack  :  No, we don't have school, but I have to get up early.
Mother  :  Why?
  Jack  :  (                                    )
```

問題

　これから,中学生の Jack と Jack の母親との対話を放送します。その中で,母親が Jack に質問をしています。Jack に代わってあなたの答えを英文で書きなさい。2文以上になってもかまいません。

対策ポイント

　対話と質問(1つ)の問題では,対話が長く,聞き取るべき内容をしぼりきれないときがある。対話と質問は2回繰り返されるので,1回目の質問で誰のどういうことを聞かれているか確実に聞き取ろう。最初に選択肢を見て,質問の内容をある程度予想しておくことも大切。

過去問題 A

リスニングテスト（**放送による指示**に従って答えなさい。）

〔**問題A**〕　次のア〜エの中から適するものをそれぞれ一つずつ選びなさい。

＜対話文1＞

　　ア　On the highest floor of a building.

　　イ　At a temple.

　　ウ　At their school.

　　エ　On the seventh floor of a building.

＜対話文2＞

　　ア　To see Mr. Smith.

　　イ　To return a dictionary.

　　ウ　To borrow a book.

　　エ　To help Taro.

＜対話文3＞

　　ア　At eleven fifteen.

　　イ　At eleven twenty.

　　ウ　At eleven thirty.

　　エ　At eleven fifty-five.

〔**問題B**〕　＜Question 1＞ では，下のア〜エの中から適するものを一つ選びなさい。

　　　　　　＜Question 2＞ では，質問に対する答えを英語で書きなさい。

＜Question 1＞

　　ア　For six years.

　　イ　For three years.

　　ウ　For two years.

　　エ　For one year.

＜Question 2＞

（15秒程度，答えを書く時間があります。）

〔問題A〕	＜対話文１＞	⑦	⑦	⑦	⑦
	＜対話文２＞	⑦	⑦	⑦	⑦
	＜対話文３＞	⑦	⑦	⑦	⑦
〔問題B〕	＜Question 1＞	⑦	⑦	⑦	⑦
	＜Question 2＞				

英文とそのあとに出題される質問が，それぞれ全体を通して二回ずつ読まれます。問題用紙の余白にメモをとってもかまいません。

（2秒の間）

〔問題A〕

問題Aは，英語による対話文を聞いて，英語の質問に答えるものです。ここで話される対話文は全部で三つあり，それぞれ質問が一つずつ出題されます。質問に対する答えを選んで，その記号を答えなさい。

では，＜対話文1＞を始めます。

（3秒の間）

> *Yumi:* David, we are on the highest floor of this building. The view from here is beautiful.
>
> *David:* I can see some temples, Yumi.
>
> *Yumi:* Look! We can see our school over there.
>
> *David:* Where?
>
> *Yumi:* Can you see that park? It's by the park.
>
> *David:* Oh, I see it. This is a very nice view.
>
> *Yumi:* I'm glad you like it. It's almost noon. Let's go down to the seventh floor. There are nice restaurants there.

（3秒の間）

Question : Where are Yumi and David talking?

（5秒の間）

繰り返します。

＜対話文2＞を始めます。

（3秒の間）

> *Taro:* Hi, Jane. Will you help me with my homework? It's difficult for me.
>
> *Jane:* OK, Taro. But I have to go to the teachers' room now. I have to see Mr. Smith to give this dictionary back to him.
>
> *Taro:* I see. Then, I'll go to the library. I have a book to return, and I'll borrow a new one for my homework.
>
> *Jane:* I'll go there later and help you.
>
> *Taro:* Thank you.

（3秒の間）

Question : Why will Jane go to the library?

（5秒の間）

繰り返します。

<対話文３>を始めます。

（３秒の間）

Woman:	Excuse me. I'd like to go to Minami Station. What time will the next train leave?
Man:	Well, it's eleven o'clock. The next train will leave at eleven fifteen.
Woman:	My mother hasn't come yet. I think she will get here at about eleven twenty.
Man:	OK. Then you can take a train leaving at eleven thirty. You will arrive at Minami Station at eleven fifty-five.
Woman:	Thank you. We'll take that train.

（３秒の間）

Question : When will the woman take a train?

（５秒の間）

繰り返します。

〔問題Ｂ〕

（３秒の間）

　　これから聞く英語は，ある外国人の英語の先生が，新しく着任した中学校の生徒に対して行った自己紹介です。内容に注意して聞きなさい。

　　あとから，英語による質問が二つ出題されます。＜Question１＞では，質問に対する答えを選んで，その記号を答えなさい。＜Question２＞では，質問に対する答えを英語で書きなさい。

　　なお，＜Question２＞のあとに，15秒程度，答えを書く時間があります。

　　では，始めます。（２秒の間）

　　Good morning, everyone. My name is Margaret Green. I'm from Australia. Australia is a very large country. Have you ever been there? Many Japanese people visit my country every year. Before coming to Japan, I taught English for five years in China. I had a good time there.

　　I have lived in Japan for six years. After coming to Japan, I enjoyed traveling around the country for one year. I visited many famous places. Then I went to school to study Japanese for two years. I have taught English now for three years. This school is my second school as an English teacher in Japan. Please tell me about your school. I want to know about it. I'm glad to become a teacher of this school. Thank you.

（３秒の間）

＜Question１＞　How long has Ms. Green taught English in Japan?

（５秒の間）

＜Question２＞　What does Ms. Green want the students to do?

（15秒の間）

繰り返します。

過去問題 B

〔**問題A**〕 次のア～エの中から適するものをそれぞれ一つずつ選びなさい。

＜対話文1＞
- ア Tomorrow.
- イ Next Monday.
- ウ Next Saturday.
- エ Next Sunday.

＜対話文2＞
- ア To call Ken later.
- イ To leave a message.
- ウ To do Bob's homework.
- エ To bring his math notebook.

＜対話文3＞
- ア Because David learned about *ukiyoe* pictures in an art class last weekend.
- イ Because David said some museums in his country had *ukiyoe*.
- ウ Because David didn't see *ukiyoe* in his country.
- エ Because David went to the city art museum in Japan last weekend.

〔**問題B**〕 ＜Question 1＞ では，下のア～エの中から適するものを一つ選びなさい。
　　　　　　＜Question 2＞ では，質問に対する答えを英語で書きなさい。

＜Question 1＞
- ア In the gym.
- イ In the library.
- ウ In the lunch room.
- エ In front of their school.

＜Question 2＞
（15秒程度，答えを書く時間があります。）

〔問題A〕	＜対話文１＞	⑦	④	⑦	⑤
	＜対話文２＞	⑦	④	⑦	⑤
	＜対話文３＞	⑦	④	⑦	⑤
〔問題B〕	＜Question 1＞	⑦	④	⑦	⑤
	＜Question 2＞				

英文とそのあとに出題される質問が，それぞれ全体を通して二回ずつ読まれます。問題用紙の余白にメモをとってもかまいません。答えは全て解答用紙に書きなさい。

（2秒の間）

〔問題A〕

　問題Aは，英語による対話文を聞いて，英語の質問に答えるものです。ここで話される対話文は全部で三つあり，それぞれ質問が一つずつ出題されます。質問に対する答えを選んで，その記号を答えなさい。

　では，＜対話文1＞を始めます。

（3秒の間）

Tom:	I am going to buy a birthday present for my sister. Lisa, can you go with me?
Lisa:	Sure, Tom.
Tom:	Are you free tomorrow?
Lisa:	Sorry, I can't go tomorrow. When is her birthday?
Tom:	Next Monday. Then, how about next Saturday or Sunday?
Lisa:	Saturday is fine with me.
Tom:	Thank you.
Lisa:	What time and where shall we meet?
Tom:	How about at eleven at the station?
Lisa:	OK. See you then.

（3秒の間）

　Question : When are Tom and Lisa going to buy a birthday present for his sister?

（5秒の間）

　繰り返します。

＜対話文2＞を始めます。

（3秒の間）

（呼び出し音）	
Bob's mother:	Hello?
Ken:	Hello. This is Ken. Can I speak to Bob, please?
Bob's mother:	Hi, Ken. I'm sorry, he is out now. Do you want him to call you later?
Ken:	Thank you, but I have to go out now. Can I leave a message?
Bob's mother:	Sure.
Ken:	Tomorrow we are going to do our homework at my house. Could you ask him to bring his math notebook? I have some questions to ask him.
Bob's mother:	OK, I will.
Ken:	Thank you.
Bob's mother:	You're welcome.

（3秒の間）

　Question : What does Ken want Bob to do?

（5秒の間）

　繰り返します。

<対話文3>を始めます。

（3秒の間）

Yumi: Hi, David. What kind of book are you reading?

David: Hi, Yumi. It's about *ukiyoe* pictures. I learned about them last week in an art class.

Yumi: I see. I learned about them, too. You can see *ukiyoe* in the city art museum now.

David: Really? I want to visit there. In my country, there are some museums that have *ukiyoe*, too.

Yumi: Oh, really? I am surprised to hear that.

David: I have been there to see *ukiyoe* once. I want to see them in Japan, too.

Yumi: I went to the city art museum last weekend. It was very interesting. You should go there.

（3秒の間）

Question : Why was Yumi surprised?

（5秒の間）

繰り返します。

これで問題Aを終わり，問題Bに入ります。

〔**問題B**〕

（3秒の間）

　　これから聞く英語は，カナダの高校に留学している日本の生徒たちに向けて，留学先の生徒が行った留学初日の行動についての説明及び連絡です。内容に注意して聞きなさい。

　　あとから，英語による質問が二つ出題されます。<Question 1> では，質問に対する答えを選んで，その記号を答えなさい。<Question 2> では，質問に対する答えを英語で書きなさい。

　　なお，<Question 2> のあとに，15秒程度，答えを書く時間があります。

　　では，始めます。（2秒の間）

　　Welcome to our school. I am Linda, a second-year student of this school. We are going to show you around our school today.

　　Our school was built in 2015, so it's still new. Now we are in the gym. We will start with the library, and I will show you how to use it. Then we will look at classrooms and the music room, and we will finish at the lunch room. There, you will meet other students and teachers.

　　After that, we are going to have a welcome party.

　　There is something more I want to tell you. We took a group picture in front of our school. If you want one, you should tell a teacher tomorrow. Do you have any questions? Now let's start. Please come with me.

（3秒の間）

<Question 1> Where will the Japanese students meet other students and teachers?

（5秒の間）

<Question 2> If the Japanese students want a picture, what should they do tomorrow?

（15秒の間）

繰り返します。

実践問題 A

リスニングテスト（放送の指示にしたがって答えなさい。放送を聞きながらメモをとってもかまいません。）

㋐ チャイムのところに入るアキラの言葉として最も適するものを，次の1〜4の中からそれぞれ一つずつ選び，その番号を答えなさい。

No.1　　1. I ask the people working there about history.

　　　　2. You can learn about the history of our city there.

　　　　3. You can use the train to go to the library.

　　　　4. The city library is not near the hospital.

No.2　　1. Let's meet at nine thirty tomorrow.

　　　　2. How about going to a museum?

　　　　3. It will be fine tomorrow morning.

　　　　4. Shall we go to the zoo tomorrow?

No.3　　1. Yes. I am happy to meet your new dog.

　　　　2. Yes. You need to call me when you get there.

　　　　3. No. You have to keep the dog in the house.

　　　　4. No. I am thinking about what to call him.

㋑ 対話の内容を聞いて，それぞれの**質問**の答えとして最も適するものを，あとの1〜4の中から一つずつ選び，その番号を答えなさい。

No.1　**質問：What can we say about Paul?**

　　　　1. He has fun when he talks about the movie with his classmates.

　　　　2. He says that it is very easy to make movies.

　　　　3. He wants to make a movie with Miki for the school festival.

　　　　4. He made a movie for the festival with his classmates last year.

No.2　**質問：What can we say about Paul and Miki?**

　　　　1. Miki was happy to hear that Paul enjoyed playing the baseball game.

　　　　2. Paul and Miki went to the stadium to watch baseball together.

　　　　3. Paul and Miki watched a baseball game on Saturday.

　　　　4. Paul asked Miki to watch his baseball game at the stadium.

㈡ ケイタ (Keita) の高校で行われるオーストラリアへの研修旅行 (School Trip) について，ブラウン 先生が生徒に説明します。説明を聞いて，次のNo.1とNo.2の問いに答えなさい。

No.1 説明を聞いてケイタが作った次の＜メモ＞を完成させるとき，　　①　　～　　③　　の中 に入れるものの組み合わせとして最も適するものを，あとの1～6の中から一つ選び，その番号を答 えなさい。

＜メモ＞

The School Trip to Australia
● We will get to Australia next 　①　 .
● We can 　②　 in the park.
● We are going to study 　③　 subjects at school.
● We will arrive in Japan on Saturday.

1.	① Monday	② take pictures	③ three
2.	① Tuesday	② watch birds	③ three
3.	① Wednesday	② look at art	③ three
4.	① Monday	② look at art	③ four
5.	① Tuesday	② take pictures	③ four
6.	① Wednesday	② watch birds	③ four

No.2 説明を聞いてケイタがクラスメートのリエ (Rie) にあてて書いた次の＜メッセージ＞の （　　）の中に適する1語を英語で書きなさい。ただし，答えは（　　）内に指示された文字 で書き始め，一つの ＿ には1文字が入るものとします。

＜メッセージ＞

Hi, Rie. We will talk about the last day of the school in Australia tomorrow. I want to study (s _ _ _ _ _ _). I want to learn about the *stars that can be seen from Australia. I also hope to learn about animals that are from Australia.

Keita

* stars：星

㈠	No.1	① ② ③ ④	
	No.2	① ② ③ ④	
	No.3	① ② ③ ④	
㈡	No.1	① ② ③ ④	
	No.2	① ② ③ ④	

㈡	No.1	① ② ③ ④ ⑤ ⑥
	No.2	

実践問題 A　[放送文]

問題は(ア)・(イ)・(ウ)の三つに大きく分かれています。放送を聞きながらメモをとってもかまいません。

　それでは，**問題(ア)**に入ります。**問題(ア)**は，No.1 ～ No.3 まであります。Sarah と Akira が話をしています。まず Sarah が話し，次に Akira が話し，その後も交互に話します。対話の最後で Akira が話す言葉のかわりに（チャイムの音）というチャイムが鳴ります。そのチャイムのところに入る Akira の言葉として最も適するものを，**問題(ア)**の指示にしたがって答えなさい。まず，**問題(ア)**の指示を読みなさい。[間 7 秒] それでは，始めます。対話は 2 回ずつ放送します。[間 2 秒]

No. 1　[Sarah:]　I want to go to the city library after school, Akira. I'm going to learn about the history of our city there. Do you know where the library is?
　　　　[Akira:]　Yes, Sarah. It's not near our school. It's by the hospital. It has a lot of interesting books about our city. I like the library.
　　　　[Sarah:]　That's nice! How can I get there from school?
　　　　[Akira:]　(チャイム) [間 2 秒]

No. 2　[Sarah:]　Akira, let's take your little brother to the zoo tomorrow.
　　　　[Akira:]　Oh, but it will be rainy tomorrow. Let's visit another place.
　　　　[Sarah:]　OK. Where will we go?
　　　　[Akira:]　(チャイム) [間 2 秒]

No. 3　[Sarah:]　I heard you got a dog. Are you happy, Akira?
　　　　[Akira:]　Yes, I am. He is very cute. My grandmother gave him to me yesterday.
　　　　[Sarah:]　That's wonderful! I want to meet him soon. Does he have a name?
　　　　[Akira:]　(チャイム) [間 2 秒]

　次に，**問題(イ)**に入ります。**問題(イ)**は，No.1 と No.2 があります。それぞれ同じ高校に通う Paul と Miki の対話を放送します。対話の内容を聞いて，問題冊子に印刷されているそれぞれの質問の答えとして最も適するものを，**問題(イ)**の指示にしたがって答えなさい。まず，**問題(イ)**の指示を読みなさい。[間 7 秒] それでは，始めます。対話は 2 回ずつ放送します。[間 2 秒]

No. 1　[Paul:]　Miki, what is your class going to do at the school festival?
　　　　[Miki:]　We are thinking about it. How about your class, Paul?
　　　　[Paul:]　Our class is making a movie. My classmates and I like to watch movies. We have some good ideas for our movie.
　　　　[Miki:]　That's cool! It's hard to make movies, right?
　　　　[Paul:]　Yes, but it's interesting. We always talk about our ideas. I enjoy it.
　　　　[Miki:]　I hope your movie will be good. I want to watch it at the festival. [間 4 秒]

No. 2 　[Paul :] 　**Miki, what did you do on Saturday ?**
　　　　[Miki :] 　I went to Kamome Stadium to watch a baseball game with my family.
　　　　[Paul :] 　**Really ? I watched that game on TV at home ! There were a lot of people in the stadium, right ?**
　　　　[Miki :] 　Yes. I enjoyed watching the game with all of the people around us.
　　　　[Paul :] 　**That's nice ! I hope we can watch a game at the stadium together.**
　　　　[Miki :] 　Sure, let's do that ! ［間 4 秒］

　　最後に，**問題(ウ)**に入ります。**問題(ウ)**では，オーストラリアへの研修旅行についてのブラウン先生の説明を放送します。放送を聞き，**問題(ウ)**の指示にしたがって答えなさい。このあと，20 秒後に放送が始まりますので，それまで**問題(ウ)**の指示を読みなさい。［間 20 秒］それでは，始めます。英文は 2 回放送します。［間 2 秒］

　　Hello, everyone. The school trip will start next Monday. We are going to leave Japan at seven in the evening and arrive in Australia on the morning of the next day. After we arrive, we will do some exciting things. We will go to a new art museum first, and then we will go to a large beautiful park. Please take some nice pictures in the park and show them to your families later. On Wednesday, you will start to go to school. You will have classes for three days. On Wednesday and Thursday, all of you will study English, history, and music. On Friday, you will study one more subject together. What subject do you want to study ? Let's talk about it tomorrow. We will leave Australia on Saturday morning and arrive in Japan in the evening.

［間 4 秒］

実践問題 B

外 国 語 （ 英 語 ） 聞 き 取 り 検 査

指示に従って，聞き取り検査の問題に答えなさい。

「答え方」

　問題は第１問と第２問の二つに分かれています。

　第１問は，１番から３番までの三つあります。それぞれについて，最初に対話を聞き，続いて，対話についての問いと，問いに対する答え，a，b，c，d を聞きます。そのあと，もう一度，その対話，問い，問いに対する答えを聞きます。必要があればメモをとってもよろしい。

　問いの答えとして正しいものは解答欄の「正」の文字を，誤っているものは解答欄の「誤」の文字を，それぞれ〇でかこみなさい。正しいものは，各問いについて一つしかありません。

　第２問では，最初に英語のスピーチを聞きます。続いて，スピーチについての問いと，問いに対する答え，a，b，c，d を聞きます。問いは問１と問２の二つあります。そのあと，もう一度，スピーチ，問い，問いに対する答えを聞きます。必要があればメモをとってもよろしい。

　問いの答えとして正しいものは解答欄の「正」の文字を，誤っているものは解答欄の「誤」の文字を，それぞれ〇でかこみなさい。正しいものは，各問いについて一つしかありません。

第1問

1番	a	正	誤	b	正	誤	c	正	誤	d	正　誤
2番	a	正	誤	b	正	誤	c	正	誤	d	正　誤
3番	a	正	誤	b	正	誤	c	正	誤	d	正　誤

第2問

問1	a	正	誤	b	正	誤	c	正	誤	d	正　誤
問2	a	正	誤	b	正	誤	c	正	誤	d	正　誤

実践問題B 放送文

それでは，聞き取り検査の説明をします。問題は第1問と第2問の二つに分かれています。

第1問。

第1問は，1番から3番までの三つあります。それぞれについて，最初に対話を聞き，続いて，対話についての問いと，問いに対する答え，a，b，c，d を聞きます。そのあと，もう一度，その対話，問い，問いに対する答えを聞きます。必要があればメモをとってもよろしい。

問いの答えとして正しいものは解答欄の「正」の文字を，誤っているものは解答欄の「誤」の文字を，それぞれ〇でかこみなさい。正しいものは，各問いについて一つしかありません。それでは，聞きます。

（第1問）

1番

Kate: Oh, no! It's raining. I can't believe it.

Alex: Kate, what's the matter?

Kate: Hi, Alex. I don't have my umbrella with me.

Question: What will Alex say next?

    a   Thank you very much.

    b   Here you are. I have another one.

    c   I'm sorry. I don't know.

    d   Sure. I'm free this afternoon.

それでは，もう一度聞きます。（対話，問い，問いに対する答えを繰り返す。）

2番

Peter: Wow! There are many DVDs at this store. Look at this, Jane. This movie looks great. The characters are so scary.

Jane: Really? I'm sorry, Peter. I don't like it very much.

Peter: Why do you think so?

Question: What will Jane say next?

    a   I think it's great, too.

    b   It's a very interesting movie.

    c   I'm not a fan of scary movies.

    d   The seat in the theater is good.

それでは，もう一度聞きます。（対話，問い，問いに対する答えを繰り返す。）

3番

Mike: Hi, Mari. Are you cooking now?

Mari: Yes, Mike. I'm making curry and rice.

Mike: Well, I want to help you. I can make curry, too.

Mari: Thanks.　How did you learn that?

Mike: My grandmother taught me.　My dream is to be a good cook like her.

Question: What is true about this dialog?

a　Mari is helping Mike with cooking.

b　Mike and his grandmother are cooking together.

c　Mike is a good cook like his grandmother.

d　Mike learned cooking from his grandmother.

それでは，もう一度聞きます。（対話，問い，問いに対する答えを繰り返す。）

第2問。

第2問では，最初に英語のスピーチを聞きます。続いて，スピーチについての問いと，問いに対する答え，a，b，c，d を聞きます。問いは問1と問2の二つあります。そのあと，もう一度，スピーチ，問い，問いに対する答えを聞きます。必要があればメモをとってもよろしい。

　問いの答えとして正しいものは解答欄の「正」の文字を，誤っているものは解答欄の「誤」の文字を，それぞれ○でかこみなさい。正しいものは，各問いについて一つしかありません。それでは，聞きます。

（第2問）

Hello, everyone.　I'm Ken.　I want to tell you about my favorite thing.　It's drawing pictures.　After I finish my homework, I usually draw pictures and relax.　I imagine a lot of things and often draw animals, people, or buildings.　I like drawing pictures because I can design my own world on the paper.　It's a good way to show my ideas or opinions.

Now, everyone, why don't you try and relax?　Thank you for listening.

問1　What is Ken talking about?

a　He is talking about his favorite book.

b　He is talking about his best friend.

c　He is talking about drawing pictures.

d　He is talking about interesting places.

問2　Why does Ken like drawing pictures?

a　Because he can design his own world.

b　Because he can relax before he finishes his homework.

c　Because he can draw pictures without any ideas.

d　Because he likes to draw only animals.

それでは，もう一度聞きます。（スピーチ，問い，問いに対する答えを繰り返す。）

実践問題C

放送を聞いて，**聞き取りテスト1，2，3**の問題に答えなさい。答えは，全て解答用紙の指定された解答欄の符号を〇で囲みなさい。

聞き取りテスト1　会話を聞いて，その会話に続く応答や質問として適切なものを選びなさい。会話のあとに放送される選択肢**a〜c**から応答や質問として適切なものを，それぞれ1つ選びなさい。（会話と選択肢は<u>1回</u>だけ読みます。）

No. 1　（場面）バス停で会話している

No. 2　（場面）父親と子どもが会話している

No. 3　（場面）友人同士が会話している

聞き取りテスト2　会話を聞いて，その内容について質問に答えなさい。それぞれ会話のあとに質問が続きます。その質問に対する答えとして適切なものを，**a〜d**からそれぞれ1つ選びなさい。（会話と質問は2回読みます。）

No. 1

a　　　　　　　　　　b

c　　　　　　　　　　d

No. 2
- a　The convenience store.
- b　The friend's house.
- c　The post office.
- d　The station.

No. 3
- a　By meeting the volunteers.
- b　By calling the center.
- c　By sending an email.
- d　By having an interview.

聞き取りテスト3　英語による説明を聞いて，その内容についての2つの質問 Question 1，Question 2 に答えなさい。英文と選択肢が放送されます。英文のあとに放送される選択肢**a〜d**から質問に対する答えとして適切なものを，それぞれ1つ選びなさい。（英文と選択肢は2回読みます。）

（場面）教室で先生が明日の校外学習の連絡をしている

Question 1　What can the students do at the factory?

Question 2　What does the teacher want to tell the students most?

		a	b	c	
1 〔　　点〕	No. 1	a	b	c	
	No. 2	a	b	c	
	No. 3	a	b	c	
2 〔　　点〕	No. 1	a	b	c	d
	No. 2	a	b	c	d
	No. 3	a	b	c	d
3 〔　　点〕	1	a	b	c	d
	2	a	b	c	d

実践問題C　放送文

（聞き取りテスト1）
　聞き取りテスト1は，会話を聞いて，その会話に続く応答や質問として適切なものを選ぶ問題です。
　それぞれの会話の場面が問題用紙に書かれています。会話のあとに放送される選択肢 a〜c の中から応答や質問として適切なものを，それぞれ1つ選びなさい。会話と選択肢は1回だけ読みます。では，始めます。

No. 1
〔A：女性，B：男性〕
A: Excuse me.　Which bus goes to the stadium?
B: Take Bus No. 20.　The bus stop is over there.
A: How long does it take to go to the stadium?

(a)　It's 10 kilometers.
(b)　You can take Bus No. 20.
(c)　It takes 30 minutes.

No. 2
〔A：男性，B：女性〕
A: We got a letter from your grandmother.　She wants to see you.
B: Oh, I really miss her, too.
A: How about visiting her next week?

(a)　Take care.
(b)　Don't worry.
(c)　That's a good idea.

No. 3
〔A：女性，B：男性〕
A: Let's do our homework together.
B: Yes, let's!　But wait, I forgot to bring my pencil case with me!
A: No problem.　I have some pencils.

(a)　Shall I lend you one?
(b)　Can I borrow one?
(c)　May I help you?

（聞き取りテスト2）
　聞き取りテスト2は，会話を聞いて，その内容について質問に答える問題です。
　それぞれ会話のあとに質問が続きます。その質問に対する答えとして適切なものを，問題用紙の a〜d の中からそれぞれ1つ選びなさい。会話と質問は2回読みます。では，始めます。

No. 1
〔A：男性，B：女性〕
A: Hey, look at this picture.
B: Oh, you're playing soccer!
A: It was snowing, but we enjoyed it a lot.
B: Your dog is trying to play with you, too.
A: Yes, he likes running with us.
B: That's wonderful.

(Question)　Which picture are they looking at?

もう一度繰り返します。

No. 2
〔A：女性，B：男性〕
A: Hi, James.　What are you doing here?
B: I'm looking for the post office.　I want to send this gift to my friend's house.
A: It's far from here, but you can send your gift from the convenience store.
B: Oh, I didn't know that.
A: It's in front of the station.
B: Thank you.　I'll go there right now.

(Question)　Where will James go to send the gift?

もう一度繰り返します。

No. 3
〔A：女性，B：男性〕
A: Yesterday, I collected garbage at the beach as a volunteer.　I had a good time.
B: Oh, really?　I want to help, too.　How did you learn about it, Mary?
A: I saw some volunteers when I went to the beach last month.
B: Did you call the volunteer center or have an interview to join it?
A: No, but I had to send an email to the center.
B: I see.　I'll go home and try it.

(Question)　How did Mary join the volunteer work?

もう一度繰り返します。

（聞き取りテスト３）
　聞き取りテスト３は，英語による説明を聞いて，その内容についての２つの質問に答える問題です。
　問題用紙に書かれている，場面，Question１と　２を確認してください。これから英文と選択肢が放送されます。英文のあとに放送される選択肢 a～d の中から質問に対する答えとして適切なものを，それぞれ１つ選びなさい。英文と選択肢は２回読みます。では，始めます。

　　Tomorrow, we'll visit the factory.　We'll meet in Midori Park at nine o'clock.　It's five minutes from the station.　We can't stay in the park too long, so we'll leave the park at 9:10.　Then, a guide will show you around the factory.　Bring your notebook to take notes.　You cannot touch the machines or the products, but taking pictures for homework is allowed.　We'll have lunch at a restaurant near the factory.　Remember, come at nine.　Don't miss your train.

(Question 1　Answer)
　　　　(a) Take pictures.
　　　　(b) Touch machines.
　　　　(c) Make products.
　　　　(d) Have lunch.

(Question 2　Answer)
　　　　(a) They should meet at the station.
　　　　(b) They should bring a notebook.
　　　　(c) They should ask questions.
　　　　(d) They should be on time.

もう一度繰り返します。

有名な場所を訪れました。それから２年間，日本語を勉強するために学校に通いました。₂私は３年間英語を教えています。この学校は，日本で英語教師として２番目の学校です。₂みなさんの学校について教えてください。それについて知りたいです。この学校の先生になれてよかったです。ありがとうございました。

過去問題 A

解答例

〔問題Ａ〕＜対話文１＞ア　＜対話文２＞エ
　　　　　＜対話文３＞ウ

〔問題Ｂ〕＜Question１＞イ

＜Question２＞To tell her about their school.

解 説

〔問題Ａ〕

＜対話文１＞　質問「ユミとデイビッドはどこで話しているのですか？」…ユミの１回目の発言「私たちはこの建物の最上階にいるわ」より，アが適切。

＜対話文２＞　質問「なぜジェーンは図書館に行くのですか？」…タロウの２回目の発言「それじゃあ，図書館に行くよ」，ジェーンの２回目の発言「あとで行って手伝うわ」より，エが適切。

＜対話文３＞　質問「女性はいつ電車に乗りますか？」…女性の２回目の発言「私の母はまだ来ていません。彼女は 11 時 20 分頃にここに着くと思います」→男性の２回目の発言「わかりました。それなら，11 時 30 分に発車する電車に乗ることができます」→女性の３回目の発言「ありがとうございます。それに乗ります」の流れより，ウが適切。

〔問題Ｂ〕

【放送文の要約】参照。

＜Question１＞　質問「グリーン先生は日本でどれくらい英語を教えてきましたか？」

＜Question２＞　質問「グリーン先生は生徒に何をしてほしいですか？」…グリーン先生は生徒たちの学校について教えてほしいので，To tell her about their school.「彼女に彼らの学校について教えること」が適切。

【放送文の要約】

おはようございます，みなさん。私の名前はマーガレット・グリーンです。私はオーストラリアから来ました。オーストラリアはとても大きな国です。行ったことがありますか？毎年多くの日本人が私の国を訪れます。日本に来る前，私は中国で５年間英語を教えていました。私はそこで楽しい時間を過ごしました。

私は日本に６年間住んでいます。私は日本に来てから１年間，日本中を旅するのを楽しみました。多くの

舎の前でグループ写真を撮りました。Question 2 <u>写真が欲しい方は，明日先生に言ってください</u>。何か質問はありますか？では行きましょう。私についてきてください。

解答例

〔問題A〕＜対話文１＞ウ　＜対話文２＞エ
　　　　　＜対話文３＞イ
〔問題B〕＜Question 1＞ウ
　　　＜Question 2＞They should tell a teacher.

解説

〔問題A〕

＜対話文１＞　質問「トムとリサは，いつトムの妹の誕生日プレゼントを買うつもりですか？」…トムの３回目の発言「それじゃあ，次の土曜日か日曜日はどう？」に対し，リサは「土曜日がいいわ」と答えたので，ウが適切。

＜対話文２＞　質問「ケンはボブに何をしてほしいですか？」…ケンの３回目の発言「彼（ボブ）に数学のノートを持って来てくれるように言っていただけませんか？」より，エが適切。

＜対話文３＞　質問「なぜユミは驚いたのですか？」…デイビッドの２回目の発言「僕の国でも，浮世絵がある美術館があるよ」に対し，ユミは３回目の発言で「まあ，本当？私はそれを聞いて驚いたわ」と答えたので，イが適切。

〔問題B〕

【日本語訳】参照。

＜Question 1＞　質問「日本の生徒はどこで他の生徒や先生と会いますか？」

＜Question 2＞　質問「日本の生徒は写真が欲しい場合，明日何をすべきですか？」…what should they do tomorrow? に対して，They should ～. で答える。

【日本語訳】

私たちの学校へようこそ。私はリンダです。この学校の２年生です。私たちは今日，みなさんに学校を案内します。

私たちの学校は 2015 年に建てられました。ですから，まだ新しいですね。今体育館にいます。最初に図書館の使い方をお伝えします。それから，教室と音楽室を見て，Question 1 ウ <u>最後に食堂を見ます。そこでみなさんは他の生徒や先生と対面することになっています</u>。

その後，歓迎会をする予定です。

みなさんにお伝えしたいことがもう１つあります。校

実践問題 A

解答例

(ア)No. 1. 3　No. 2. 2　No. 3. 4

(イ)No. 1. 1　No. 2. 3

(ウ)No. 1. 5　No. 2. science

解 説

(ア)No. 1　直前のサラの質問「学校からそこへどうやって行くの？」より，3「君は図書館へ行くために電車を使うことができるよ」が適切。

No. 2　サラの1回目の発言「明日，弟を動物園へ連れて行こうよ」とアキラの1回目の発言「でも明日は雨らしいよ。他の場所にしよう」と直前のサラの質問「どこへ行くの？」より，2「博物館はどう？」が適切。

No. 3　直前のサラの質問「彼（イヌ）には名前があるの？」より，4「いや，彼を何て呼ぶか考えているんだ」が適切。

(イ)No. 1　質問「ポールについて言えることは何ですか？」…ポールの最後の発言「僕らはいつも自分たちの考えを話しているよ。それが楽しいんだ」より，1「クラスメートと映画について話しているときに楽しい」が適切。

No. 2　質問「ポールとミキについて言えることは何ですか？」…ミキの1回目の発言「私は野球の試合を見るために家族とカモメスタジアムに行ったわ」とポールの2回目の発言「僕はその試合をテレビで見たよ」より，3「ポールとミキは土曜日に野球の試合を見た」が適切。

(ウ)【放送文の要約】参照。

No. 1　①「次の（　　）にオーストラリアに着く予定です」より，Tuesday「火曜日」が適切。　②「私たちは公園で（　　）ことができます」より，take pictures「写真を撮る」が適切。　③「私たちは学校で（　　）の教科を勉強する予定です」より，four「4つ」が適切。

No. 2　ケイタのメッセージ「やあ，リエ。明日，オーストラリアの学校での最後の1日について話をしようよ。僕は（　　）を勉強したいな。僕はオーストラリアで見られる星について学びたいんだ。僕はオ

【放送文の要約】

みなさん，こんにちは。修学旅行は来週の月曜日からです。夜7時に日本を出発し，①翌日の朝，オーストラリアに到着します。到着後，わくわくするようなことをします。最初に新しい美術館に行き，次に大きく美しい公園に行きます。②公園で素敵な写真を撮り，あとで家族に見せてください。水曜日から，みなさんは学校に通い始めます。3日間の授業が組まれています。③水曜日と木曜日には，全員が英語，歴史，音楽を勉強します。金曜日に，一緒にもう1つの教科を勉強します。どんな教科を勉強したいですか？明日話し合いましょう。土曜日の朝にオーストラリアを出発し，夜に日本に到着します。

描いてくつろぎます。多くのものを想像して，よく動物，人，建物を描きます。問2a紙の上に自分独自の世界をデザインできるので，絵を描くことが好きです。自分のアイデアや意見を表現するのに良い方法です。さて，みなさんもそれをやってリラックスしてみてはどうでしょう？ご清聴ありがとうございました。

実践問題B

第1問　1番．a．誤　b．正　c．誤　d．誤
　　　　2番．a．誤　b．誤　c．正　d．誤
　　　　3番．a．誤　b．誤　c．誤　d．正
第2問　問1．a．誤　b．誤　c．正　d．誤
　　　　問2．a．正　b．誤　c．誤　d．誤

解説

第1問　1番　問い「アレックスは次に何と言うでしょうか？」…ケイト「あら，いやだ！雨が降ってる。信じられないわ」→アレックス「ケイト，どうしたの？」→ケイト「あら，アレックス。傘を持っていないの」の流れより，b「はい，どうぞ。僕はもう1本持ってるよ」が正しい。

　　　2番　問い「ジェーンは次に何と言うでしょうか？」…ピーター「わぁ！この店にはたくさんのDVDがあるね。見てよ，ジェーン。この映画がよさそうだ。キャラがすごく怖いよ」→ジェーン「ほんと？ごめん，ピーター。私はあまり好きじゃないわ」→ピーター「なぜそう思うの？」の流れより，c「怖い映画のファンじゃないの」が正しい。

　　　3番　問い「この会話について正しいのはどれですか？」…マイク「やあ，マリ。料理中？」→マリ「そうよ，マイク。カレーライスを作ってるの」→マイク「手伝いたいよ。僕もカレーを作れるよ」→マリ「ありがとう。どうやって学んだの？」→マイク「祖母が教えてくれたんだ。僕の夢は，彼女のような素敵な料理人になることだよ」より，d「マイクは祖母から料理を学んだ」が正しい。

第2問　【日本語訳】参照。

　　　問1　問い「ケンは何について話していますか？」…c「彼は絵を描くことについて話しています」が正しい。

　　　問2　問い「ケンはなぜ絵を描くことが好きですか？」…a「なぜなら彼は自分独自の世界をデザインできるからです」が正しい。

【日本語訳】

みなさん，こんにちは。僕はケンです。問1c僕の好きなことについて話したいと思います。それは絵を描くことです。僕は宿題を済ませたあとはたいてい絵を

解答例

1. No. 1. c　No. 2. c　No. 3. b
2. No. 1. b　No. 2. a　No. 3. c
3. 1. a　2. d

解説

1　No. 1　「スタジアムに行くのにどれくらい時間がかかりますか？」への返答だから，c「30 分かかります」が適切。

No. 2　「来週彼女のところを訪れてはどうだい？」への返答だから，c「それはいいアイデアね」が適切。

No. 3　A「一緒に宿題をしましょう」→B「うん，そうしよう！でも，待って。ペンケースを持ってくるのを忘れたよ！」→A「大丈夫よ。鉛筆を何本か持っているわ」への返答だから，b「1 本借りてもいい？」が適切。

2　No. 1　質問「彼らはどの写真を見ていますか？」…Aの2回目の発言 It was snowing, but we enjoyed it a lot.「雪が降っていたけどとても楽しかったよ」と，Bの2回目の発言 Your dog is trying to play with you, too.「あなたの犬も一緒にプレーしようとしているわね」より，bが適切。

No. 2　質問「ジェームズは贈り物を送るためにどこに行くでしょうか？」…A「あら，ジェームズ。ここで何してるの？」→B「郵便局を探してるよ。友達の家にこの贈り物を送りたいんだ」→A「郵便局はここから遠いけど，コンビニエンスストアから贈り物を送ることができるわ」→B「へえ，知らなかったよ」→A「駅前にあるわ」→B「ありがとう。すぐに行ってみるよ」の流れより，a「コンビニエンスストア」が適切。

No. 3　質問「メアリーはどうやってボランティア活動に参加しましたか？」…A「昨日，ボランティアとしてビーチのゴミ拾いをしたの。有意義な時間だったわ」→B「そうなの？僕もやりたいな。それについてどうやって知ったの，メアリー？」→A「先月ビーチに行ったときに数人のボランティアを見かけたの」→B「参加するためにボランティアセンターに電話したり，面接を受けたりしたの？」→A「いいえ，でもセンター宛てにメールを送る必要が

あったわ」→B「なるほど。家に帰ってやってみるよ」の流れより，c「メールを送ることによって」が適切。

3　【日本語訳】参照。

1　質問「生徒たちは工場で何をすることができますか？」…a「写真を撮る」が適切。

2　質問「先生が生徒たちに何を最も伝えたいですか？」…d「時間を厳守する」が適切。

【日本語訳】

　明日，私たちは工場を訪問します。9時にミドリ公園集合です。そこは駅から5分の場所にあります。公園には長時間滞在できないので，9時10分には出発します。その後，ガイドの方が工場を案内してくれます。メモを取るためのノートを持参しましょう。機械や製品に触ってはいけませんが，宿題のための1a写真撮影は許可されています。工場の近くのレストランで昼食をとります。2d9時に来ることを忘れないでください。電車に乗り遅れないようにしましょう。

高校入試対策

英語リスニング
練習問題

解答集

:≡ contents

※問題は別冊です

K 教英出版

入試本番に向けて

入試本番までにしておくこと

入試本番までに志望校の過去問を使って出題パターンを把握しておこう。英語リスニング問題は学校ごとに出題傾向があります。受験する学校の出題パターンに慣れておくことが重要です。

リスニング開始直前のチェックポイント

音声が流れるまでに問題文全体にざっと目を通そう。それぞれの問題で話題となる場面や登場人物をチェックしておこう。

✅ イラストを check！

英語リスニング問題ではイラストやグラフが使われることが多くあります。イラストなら**共通点と相違点を見つけて**，放送される事がらを予想しておこう。グラフなら**たて軸とよこ軸が何を表しているか**を見ておこう。

✅ 選択肢を check！

英文を選ぶ問題では，選択肢の登場人物，場所，日時などを事前に見つけ出して○やアンダーラインなどの"しるし"をつけておこう。また，選択肢の共通点と相違点を見つけて質問を予想しておこう。

✅ 数字表現を check！

英語リスニング問題で必ず出題されるのが数字表現です。問題に数を表したイラストや時間を表す単語などがあるときは，数字を意識して解く問題だと予想しておこう。あらかじめ，問題文の英単語を数字に置きかえてメモしておく（fifteen → 15）とよい。

リスニング本番中の心構え

✅ メモにとらわれない！

英語リスニング問題ではほとんどの場合，「放送中にメモを取ってもかまいません。」という案内があります。特に，長文を聴き取らなくてはならないときはメモは不可欠です。ただし，メモを取るときに注意すべきことがあります。それは，**メモを取ることに集中しすぎて音声を聴き逃さない**ことです。○やアンダーラインなど自分がわかる"しるし"をうまく活用して，「聴く」ことから気をそらさないようにしよう。

✅ ２回目は聴き方を変える！

放送文が１回しか読まれない入試問題もありますが，多くの場合は質問も含めて２回繰り返して読まれます。２回繰り返して読まれるときは，１回目と２回目で聴き方を変えます。１回目は状況や場面を意識し，（質問が先に放送される場合は，）２回目は質問に合う答えを出すことを意識しよう。１回目で答えがわかったときは，２回目は聴き違いがないか消去法を使って確実に聴き取ろう。

問題を解き終えたら，基本問題集（別冊）P1 〜 P2 の手順で答え合わせと復習をしよう。
解答集の左側のページにある QR コードを読み取ると，そのページの**さらに詳しい解説**を見ることができます。

📍 **覚えたい表現**
Memory work **まとめ** （P37 〜 38）

「**覚えたい表現**」をおさらいしておこう。
このページの QR コードを読み取ると，グループ分けした「**覚えたい表現**」を見ることができます。

🔊 **聞き違いをしやすい表現**
Easy to mistake （P39）

「**聞き違いをしやすい表現**」を知っておこう。
このページの音声はＣＤや教英出版ウェブサイトで聴くことができます。

もっと リスニング力 をつけるには

🔊 **音声に合わせてシャドーイング（発音）してみよう！**
　正しい発音ができるようになると聴く力もぐんと上がります。まずは自分のペースで放送文を声に出して読んでみよう。次に音声に合わせて発音していこう。最初は聴こえたまま声に出し，慣れてきたら正しい発音を意識しよう。繰り返すうちに，おのずと正しい発音を聴き取る耳が鍛えられます。

🔊 **音声を聴きながらディクテーション（書き取り）してみよう！**
　聴こえた英文を書き取る練習をしよう。何度も聴いて文が完成するまでトライしよう。聴き取れなかった単語や文がはっきりするので，弱点の克服につながります。また，英語を書く力も鍛えられます。

← さらに詳しい解説

第1章　　　　　絵・グラフ

基本問題A

> 解答　No.1　イ　　No.2　ア　　No.3　エ

 放送文

No.1　女：★What do you want to do in the future?

　　　　男：I want to help sick people at a hospital.

　　Question：What kind of job does the boy want to do in the future?

No.2　男：Mom, I'm going to play baseball in the park.

　　　　　　I'll go there ★by bike.

　　　　女：Taro, you need this on your head when you ride

　　　　　　your bike.

　　　　男：Thank you.

　　Question：What does Taro need on his head?

No.3　女：Ken, I want eggs, two oranges and three apples.

　　　　　　★Can you go to the store to buy them?

　　　　男：OK, Mom. ★Can I buy juice, too?

　　　　女：Yes, you can.

　　Question：What will Ken buy?

> **覚えたい表現**
> Memory work
>
> ★What do you want to do in the future?
> 「あなたは将来何をしたいですか？」
>
> ★by bike
> 「自転車で」
>
> ★Can you ～?
> 「～してくれません
> か？」
> ★Can I ～?
> 「～してもいいです
> か？」

基本問題B

> 解答　No.1　ア　　No.2　イ　　No.3　ア　　No.4　イ

  放送文

No.1　A man is ★looking at a clock on the wall.

　　Question：Which person is the man?

No.2　It was snowing this morning, so I couldn't go to school

　　　　by bike. I ★had to walk.

　　Question：How did the boy go to school this morning?

> **覚えたい表現**
> Memory work
>
> ★look at ～
> 「～を見る」
>
> ★have to ～
> 「～しなければなら
> ない」

最初に４つの絵を見ておけば，No.1は職業，No.2は場所やものに関すること，No.3は食品の種類と数についての話だと予想できるね。

日本語訳

No.1 女：あなたは将来何をしたいの？

　　　 男：僕は 病院 で 病気の 人を助けたいよ。

　　　 Question：少年が将来やりたい仕事は何ですか？

> **解説 Explanation**
> sick「病気の」やhospital「病院」から，医者だとわかるね。

No.2 男：お母さん，僕は公園で野球をする予定だよ。

　　　　　自転車でそこへ行くよ。

　　　 女：タロウ，自転車に乗るなら，頭部にはこれが必要よ。

　　　 男：ありがとう。

　　　 Question：タロウは頭部に何が必要ですか？

> 「自転車」や「頭にかぶる必要があるもの」からヘルメットだね。

No.3 女：ケン，私は 卵 , みかん２個 , りんご３個 がほしいわ。

　　　　　それらを買うためにお店に行ってもらえる？

　　　 男：いいよ，お母さん。 ジュース も買っていい？

　　　 女：いいわよ。

　　　 Question：ケンは何を買うでしょうか？

> 卵
> みかん ２個
> りんご ３個
> ジュース
> ジュースを忘れずに。

 ４つの絵を見比べて，メモする内容を予想できたかな？ No.1は男性がしていること，No.2は天気と移動手段，No.3は少年の体調，No.4は時刻だね。

日本語訳

> **解説 Explanation**

No.1 男性が 壁 の 時計 を見ています。

　　　 Question：その男性はどの人ですか？

> clock「掛け時計／置き時計」より，**ア**だね。

No.2 今朝は 雪が降って いたので，私は学校に自転車で行けませんでした。私は歩かなければなりませんでした。

　　　 Question：その少年は今朝，どうやって学校へ行きましたか？

> "snowing", "walk"が聞き取れれば，**イ**とわかるね。

No.3 女：★What's the matter?

男：Well, I've had a stomachache since this morning.
I didn't have it ★last night.

女：That's too bad. Are you all right?

Question：When did the boy have a stomachache?

覚えたい表現
Memory work

★What's the matter?
「どうしたの？」
★last night「昨夜」

No.4 女：Good morning, Kanta. Did you sleep well last night?

男：Yes, Judy. I ★went to bed at eleven last night and ★got
up at seven this morning.

女：Good. I could only sleep ★for six hours.

Question：What time did Kanta get up this morning?

★go to bed
「寝る」
★get up「起きる」

★for ～（期間を表す言葉）「～の間」

練習問題A

解答　No.1 ア　　No.2 エ　　No.3 ア　　No.4 ウ

放送文

覚えたい表現
Memory work

No.1 女：Ah, I hope it will ★stop raining soon.

男：It was sunny yesterday.

女：Yes. But the TV says we will have snow this
afternoon.

男：Really? ★How about tomorrow?

女：It will be cloudy.

Question：How will the weather be tomorrow?

★stop ～ ing
「～することをやめる」

★How about ～?
「～はどうですか？」

No.2 男：★Thank you for giving me a birthday present, Mary.
I like the bag very much.

女：I'm happy you like it, Kenta.
Oh, you're wearing a nice T-shirt today.

男：This is a birthday present from my sister.
And my mother made a birthday cake ★for me.

女：Great. But you wanted a computer, right?

男：Yes, I got one from my father!

Question：What did Kenta get from his father?

★Thank you for
～ ing.
「～してくれてありがとう」

★for ～（対象を表す言葉）「～のために」

No.3　⼥：どうしたの？

　　　男：うーん，今朝からずっとお腹が痛いんです。

　　　　　昨夜は痛くなかったのですが。

　　　⼥：それは大変ね。大丈夫？

　　Question：少年はいつお腹が痛かったですか？

No.4　⼥：おはよう，カンタ。昨夜はよく眠れた？

　　　男：うん，ジュディ。昨夜は11時に寝て，今朝は7時に起きたよ。

　　　⼥：いいね。私は6時間しか眠れなかったわ。

　　Question：カンタは 今朝 何時に起きましたか？

　　No.1は天気，No.2は誕生日プレゼント，No.3は時刻，No.4はクラスのアンケート結果に
ついてメモしよう。No.3は計算が必要だね。

日本語訳

No.1　⼥：ああ，すぐに雨が止んでほしいわ。

　　　男：昨日は晴れていたのに。

　　　⼥：ええ。でもテレビによると，今日の午後は雪らしいわ。

　　　男：本当に？ 明日 はどう？

　　　⼥：くもりらしいわ。

　　Question： 明日 の天気はどうですか？

No.2　男：誕生日プレゼントをありがとう，メアリー。

　　　　　バッグをとても気に入ったよ。

　　　⼥：気に入ってくれてよかったわ，ケンタ。

　　　　　あら，今日は素敵なTシャツを着ているわね。

　　　男：これは姉(妹)からの誕生日プレゼントなんだ。

　　　　　母も僕のために誕生日ケーキを作ってくれたんだ。

　　　⼥：すてき。でもあなたはパソコンがほしかったんでしょ？

　　　男：そうだよ， 父 からもらったよ！

　　Question：ケンタは 父 から何をもらいましたか？

No.3 　⑤：The movie will start at 11:00.

　　　　　★What time shall we meet tomorrow, Daiki?

　　　⑧：How about meeting at the station at 10:30, Nancy?

　　　⑤：Well, I want to go to a bookstore with you before the movie starts. Can we meet earlier?

　　　⑧：All right. Let's meet at the station fifty minutes before the movie starts.

　　　⑤：OK. See you tomorrow!

　Question：What time will Daiki and Nancy meet at the station?

覚えたい表現
Memory work

★What time shall we meet?
「何時に待ち合わせ
ようか？」

No.4 　⑤：Tsubasa, look at this!

　　　　　We can see the most popular sports in each class.

　　　⑧：Soccer is ★the most popular in my class, Mary.

　　　⑤：Soccer is popular in my class, too.
　　　　　But volleyball is more popular.

　　　⑧：I see. And many of my classmates want to play softball.
　　　　　I want to try it, too!

　　　⑤：Really? ★No students in my class want to play softball.

　Question：Which is Mary's class?

★the＋最上級＋in
＋○○
「○○の中で最も…」

★no＋人
「(人)が1人もいない」

練習問題B

解答　No.1　ア　　No.2　ウ　　No.3　ア　　No.4　ウ

No.1 　⑤：Kota, what a nice room!

　　　⑧：Thank you! Do you know what this is, Judy?

　　　⑤：No. ★I've never seen it before. Is it a table?

　　　⑧：Yes, but this is not just a table.
　　　　　This also ★keeps us warm in winter.

　Question：What are they talking about?

覚えたい表現
Memory work

★I've never ～ .
「私は一度も～したこ
とがない」

★keep＋人／もの
＋状態「(人／もの)
を(状態)に保つ」

No.3　女：映画は11時に始まるわ。

明日は何時に待ち合わせようか，ダイキ？

男：10時半に駅で待ち合わせるのはどう，ナンシー？

女：そうねぇ，私は映画が始まる前にあなたと書店に行きたいわ。

もっと早く待ち合わせできる？

男：いいよ。映画が始まる50分前に駅で会おう。

女：わかったわ。また明日ね！

Question：ダイキとナンシーは何時に駅で待ち合わせますか？

解説
Explanation

11時に映画が始まる。その50分前に待ち合わせるから，**ア**の「10時10分」だね。fifty「50」は前にアクセント，fifteen「15」は後ろにアクセントがあるよ。

No.4　女：ツバサ，これを見て！

それぞれのクラスで1番人気のあるスポーツがわかるわ。

男：僕のクラスではサッカーが1番人気だね，メアリー。

女：サッカーは私のクラスでも人気よ。

でも，バレーボールの方がもっと人気だわ。

男：そうだね。それから，僕のクラスメートの多くはソフトボールをやりたいようだよ。僕もやってみたいな！

女：本当？私のクラスではソフトボールをやりたい生徒はいないわ。

Question：メアリーのクラスはどれですか？

ツバサのクラス：
サッカーが1位
ソフトボールが人気

メアリーのクラス：
サッカーよりバレーボールが人気
ソフトボールが0人

 グラフの問題の音声を聞くときは，1番多い（少ない）もの，増加，減少などをメモしよう。消去法も有効だよ。

日本語訳

No.1　女：コウタ，何て素敵な部屋なの！

男：ありがとう！これは何か知ってる，ジュディ？

女：いいえ。一度も見たことがないわ。テーブルかしら？

男：そうだよ，でもこれはただのテーブルではないんだ。

これは冬に僕らを温めてもくれるんだ。

Question：彼らは何について話していますか？

解説
Explanation

ただのテーブルではなく，温めてくれるもの→「こたつ」だね。

No.2　（男）：Kate, this is a picture of our music band.

We played some songs at the *school festival this year.

It was a wonderful time for us!

（女）：You *look excited, Hiroshi.

Who is the student playing the guitar *next to you?

（男）：He is Ryosuke. He plays the guitar well, and the other student playing the guitar is Taro.

（女）：I see. The student playing the drums is Takuya, right?

*I hear he *is good at singing, too.

Question：Which boy is Hiroshi?

★school festival
「学園祭」
★look 〜
「〜のように見える」
★next to 〜
「〜のとなりに」

★I hear (that) 〜.
「〜だそうだ」
★be good at 〜 ing
「〜することが得意だ」

No.3　It was interesting to know what activity you enjoyed the best in my English class.

I *was glad to know that *over ten students chose *making speeches. Eight students chose reading stories, and *the same number of students chose writing diaries.

Maybe you can guess the most popular activity among you. It was listening to English songs.

I hope you will *keep enjoying English.

Question：Which graph is the speaker explaining?

★be glad to 〜
「〜してうれしい」
★over 〜「〜以上」
★make a speech
「スピーチをする」
★the number of 〜
「〜の数」

★keep 〜 ing
「〜し続ける」

No.4　Look at the graph.

This is a graph of the number of visitors to the art museum which was built in 2014 in our city.

The number kept *going up until 2016.

But the next year, it *went down 20%.

The numbers in 2017 and 2018 were the same.

Question：Which graph is the speaker explaining?

★go up「増加する」

★go down
「減少する」

No.2 　(男)：ケイト，これは僕らの音楽バンドの写真だよ。

　　　　僕らは今年学園祭で何曲か演奏したんだ。

　　　　僕らにとってすばらしい時間だったよ！

　　　(女)：興奮しているようね，ヒロシ。

　　　　あなたのとなりでギターを弾いているのは誰？

　　　(男)：彼はリョウスケだよ。彼はギターが上手なんだ，そしてもう1人，ギターを弾いているのがタロウだよ。

　　　(女)：そうなの。ドラムをたたいているのはタクヤね？

　　　　彼は歌も上手だそうね。

　　Question：どの少年がヒロシですか？

解説
Explanation

ギター：
リョウスケとタロウ
ドラム：タクヤ
ヒロシはリョウスケのとなりにいる**ウ**だね。

No.3 　私の英語の授業の中で，みなさんが何の活動を一番楽しんだかがわかって興味深かったです。

　　　私は，10人以上の生徒がスピーチをすることを選んでくれたと知って，うれしく思いました。8人の生徒が物語を読むことを選び，同じ人数の生徒が日記を書くことを選びました。

　　　みなさんのあいだで一番人気があったものはたぶん想像がつくと思います。

　　　英語の歌を聞くことでした。

　　　これからもずっと英語を楽しんでほしいです。

　　Question：話し手が説明しているのはどのグラフですか？

音声を聞く前にグラフの項目名を見ておこう。
スピーチ：10人以上
物語：8人
日記：物語と同じ人数
英語の歌：最も人気

これらの情報から**ア**を選べるね。

No.4 　グラフを見て下さい。

　　　これは，2014年に私たちの市に建てられた美術館の，来場者数のグラフです。

　　　その数は2016年まで増加し続けました。

　　　しかし，次の年に20％減少しました。

　　　2017年と2018年は同数でした。

　　Question：話し手が説明しているのはどのグラフですか？

増減に着目しよう。
「2016年まで増加」
「2017年と2018年は同数」より，**ウ**だね。

第2章　　　　　次の一言

基本問題

解答　No.1　イ　　　No.2　ウ　　　No.3　イ　　　No.4　ア

🔊 **放 送 文**　　◎5

No.1　　⼥：★Have you ever been to a foreign country?

　　　　　男：Yes. I went to Australia last year.

　　　　　⼥：Oh, I see. How long did you stay there?

| ア　By plane. | ㋑ For six days. | ウ　With my family. |

★Have you ever
been to ～?
「～に行ったことが
ありますか？」

No.2　　⼥：★May I help you?

　　　　　男：Yes, I'm ★looking for a blue jacket.

　　　　　⼥：How about this one?

| ア　Here you are. | イ　I'm just looking. | ㋒ It's too expensive for me. |

★May I help you?
「お手伝いしましょ
うか？／いらっしゃ
いませ」
★look for ～
「～を探す」

No.3　　⼥：★What are you going to do this weekend?

　　　　　男：I'm going to ★go fishing in the sea with my father
　　　　　　　 if it's sunny.

　　　　　⼥：Really? That will be fun.

| ア　Sorry, I'm busy. | ㋑ I hope the weather will be nice. |
| ウ　Nice to meet you. | |

★What are you
going to do?
「何をするつもりです
か？」
★go fishing
「釣りに行く」

No.4　　⼥：Hello.

　　　　　男：Hello, this is Mike. ★May I speak to Yoko?

　　　　　⼥：I'm sorry. She isn't at home now.

| ㋐ OK. I'll call again later. | イ　Shall I take a message? |
| ウ　Hello, Yoko. How are you? | |

★May I speak to ～?
「（電話で）～さんを
お願いできますか？」

最後の英文をメモできたかな。質問ならばそれに合う答えを選び，質問でなければ，話の流れから考えよう。消去法も有効だよ。

日本語訳

 解説
Explanation

No.1 女：外国に行ったことはある？

男：うん。去年，オーストラリアに行ったよ。

女：あら，そうなの。そこにはどれくらい滞在したの？

ア　飛行機だよ。　**イ**　6日間だよ。　ウ　家族と一緒にだよ。

最後の英文
How long ～ ?
「(期間をきいて)どれくらい～？」より，
返答はFor ～ .
「～間です」だね。

No.2 女：お手伝いしましょうか？

男：はい，青いジャケットを探しています。

女：こちらはいかがですか？

ア　はい，どうぞ。　イ　見ているだけです。　**ウ**　私には値段が高すぎます。

最後の英文
How about this one?
「こちらはいかがですか？」より，返答は
ウだね。

No.3 女：この週末は何をするつもりなの？

男：晴れたら，父と海に釣りに行くつもりだよ。

女：本当に？それは楽しそうね。

ア　ごめん，僕は忙しいんだ。　**イ**　天気が良いことを願うよ。 ウ　会えてうれしいよ。

最後の英文が質問ではない。その前に「晴れたら…」と言っているので，話の流れからイだね。

No.4 女：もしもし。

男：もしもし，マイクです。ヨウコさんをお願いできますか？

女：ごめんね。彼女は今家にいないわ。

ア　わかりました。あとでかけ直します。　イ　伝言を預かりましょうか？ ウ　やあ，ヨウコ。元気？

電話で相手が不在だった場合，電話をかけた側がよく使う表現を選ぶよ。ふさわしいのは**ア**だね。

練習問題

解答　No.1　エ　　No.2　ウ　　No.3　イ　　No.4　ア

🔊))放送文　◎6

No.1　(男)：Hello?

　　　　(女)：This is Natsuki. May I speak to Jim, please?

　　　　(男)：I'm sorry, but *you have the wrong number.

ア　I don't know your phone number.
イ　I see. Do you want to leave a message?
ウ　Can you ask him to call me?
エ　I'm so sorry.

★You have the wrong number.
「番号が違っています」

No.2　(男)：Have you finished cooking?

　　　　(女)：No. *I've just washed the tomatoes and carrots.

　　　　(男)：OK. Can I help you?

ア　Sorry. I haven't washed the tomatoes yet.
イ　I don't think so. Please help me.
ウ　Thanks. Please cut these carrots.
エ　All right. I can't help you.

★I've just＋過去分詞.
「ちょうど～したところだ」

No.3　(女)：It's so hot today. Let's have something to drink.

　　　　(男)：Sure. I know a good shop. It *is famous for fruit juice.

　　　　(女)：Really?　*How long does it take to get there from here by bike?

ア　Ten o'clock in the morning.　イ　Only a few minutes.
ウ　Four days a week.　エ　Every Saturday.

★be famous for ～
「～で有名である」
★How long does it take to ～ ?
「～するのにどれくらい時間がかかりますか？」

No.4　(男)：Whose notebook is this? *There's no name on it.

　　　　(女)：Sorry, Mr. Jones. It's mine.

　　　　(男)：Oh, Ellen. You should write your name on your notebook.

ア　Sure. I'll do it now.　イ　No. I've never sent him a letter.
ウ　Yes. You found my name on it.　エ　Of course. I finished my homework.

★There is no ～.
「～がない」

最後の英文を聞き取って，メモできたかな？質問や提案に対する受け答えを注意深く選ぼう。

日本語訳

No.1　（男）：もしもし？

　　　　　（女）：ナツキです。ジムさんをお願いできますか？

　　　　　（男）：すみませんが，番号が違っています。

ア　私はあなたの電話番号を知りません。
イ　わかりました。伝言を残したいですか？
ウ　私に電話するよう彼に伝えてくれますか？
エ　失礼しました。

No.2　（男）：料理は終わった？

　　　　　（女）：いいえ。ちょうどトマトとニンジンを洗ったところよ。

　　　　　（男）：よし，手伝おうか？

ア　ごめん。私はまだトマトを洗い終えていないの。
イ　そうは思わないわ。私を手伝って。
ウ　ありがとう。ニンジンを切って。
エ　わかったわ。私は手伝えないわ。

No.3　（女）：今日はとても暑いわ。何か飲みましょう。

　　　　　（男）：いいね。いい店を知っているよ。フルーツジュースで有名
　　　　　　　　　なんだ。

　　　　　（女）：本当に？自転車でそこに行くのにどれくらい時間がかかるの？

ア　午前10時だよ。　　イ　ほんの数分だよ。
ウ　週に4日だよ。　　エ　毎週土曜日だよ。

No.4　（男）：これは誰のノートかな？名前が書いてないな。

　　　　　（女）：すみません，ジョーンズ先生。私のです。

　　　　　（男）：おお，エレン。ノートには自分の名前を書いておくべきだよ。

ア　わかりました。すぐにそうします。
イ　いいえ。彼に手紙を送ったことはありません。
ウ　はい。あなたはそこに私の名前を見つけましたよね。
エ　もちろんです。私は宿題を終えました。

解説 Explanation

男性の「番号が違っています」に対して，エ「失礼しました」以外は不適切だね。

男性の提案「手伝おうか？」に対して，ウ「ありがとう。ニンジンを切って」以外は不適切だね。

How long does it take to ～?「～するのにどれくらい時間がかかりますか？」に対して，イ Only a few minutes.「ほんの数分」以外は不適切だね。

先生から「ノートには自分の名前を書いておくべきだよ」と言われたことに対して，ア「わかりました。すぐにそうします」以外は不適切だね。

← さらに詳しい解説

第3章　　対話や英文と質問（1つ）

基本問題

> 解答　No.1　エ　　No.2　ア　　No.3　ウ

No.1　Mike finished his homework.

He was very hungry.

His mother said, "Dinner ★is ready.

Please ★tell Dad to come to the dining room."

So he went to his father.

Question：What is Mike's mother going to do?

> ア　She is going to do Mike's homework with her husband.
> イ　She is going to cook dinner in the dining room.
> ウ　She is going to go to the dining room with Mike.
> ㋑ **She is going to eat dinner with her husband and Mike.**

★be ready
「準備ができている」
★tell＋人＋to ～
「（人）に～するように言う」

No.2　㊛：Tom, how's the pizza?

㊚：It's delicious, Lisa. I like your pizza very much.

㊛：Thank you. ★Would you like some more?

Question：What will Tom say next?

> ㋐ **Yes, please. I want more.**　イ　Help yourself, Lisa.
> ウ　I'm sorry. I can't cook well.　エ　Of course. You can take it.

★Would you like
some more?
「もう少しいかが？」
（食べ物などを勧め
るときの表現）

No.3　㊛：I want this black pen. ★How much is it?

㊚：Now we're having a sale. It's 1,500 yen this week.

㊛：I'll take it. It's a birthday present for my father.

Question：Where are they?

> ア　They are in the nurse's office.　イ　They are in the library.
> ㋒ **They are at a stationery shop.**　エ　They are at a birthday party.

★How much ～?
「～はいくらですか？」

選択肢を読み比べておくと，誰の何について質問されるかをある程度予想できるよ。対話を聞きながら，人の名前や行動などをメモしよう。

日本語訳

No.1 マイクは宿題を終えました。

彼はとてもお腹がすいていました。

母親が言いました。「夕食の準備ができたわ。

お父さんにダイニングに来るように言って」

それで彼は父親のところに行きました。

Question：マイクの母親は何をするつもりですか？

ア　彼女は夫と一緒にマイクの宿題をするつもりです。
イ　彼女はダイニングで夕食を作るつもりです。
ウ　彼女はマイクとダイニングに行くつもりです。
エ　**彼女は夫とマイクと一緒に夕食を食べるつもりです。**

解 説 Explanation

マイク：宿題が終わった。おなかがすいた。父親を呼びに行く。
母親：夕食の準備ができた。
つまり，これから3人で夕食を食べるので，**エ**だね。

No.2　囡：トム，ピザはどう？

男：おいしいよ，リサ。僕は君のピザが大好きだよ。

囡：ありがとう。もう少しいかが？

Question：トムは次に何を言うでしょうか？

ア　**うん，お願い。もっとほしい。**　　イ　自由に取ってね，リサ。
ウ　ごめん。うまく料理できないんだ。　　エ　もちろん。取っていいよ。

リサがトムに「もう少しいかが？」と勧めているので，**ア**だね。

No.3　囡：私はこの 黒いペン を買いたいです。おいくらですか？

男：ただいまセール中です。今週は1500円です。

囡：それをいただきます。父への誕生日プレゼントなんです。

Question：彼らはどこにいますか？

ア　彼らは保健室にいます。　　イ　彼らは図書館にいます。
ウ　**彼らは文具店にいます。**　　エ　彼らは誕生日会にいます。

黒いペンを売っている店だから，**ウ**のstationery shop「文具店」だね。

練習問題

解答	No.1	ア	No.2	イ	No.3	ア	No.4	イ

 放送文　

No.1

男：I'm going to buy a birthday present for my sister. Lisa, can you go with me?

女：Sure, Ken.

男：★Are you free tomorrow?

女：Sorry, I can't go tomorrow. When is her birthday?

男：Next Monday. Then, how about this Saturday or Sunday?

女：Saturday is fine with me.

男：Thank you.

女：What time and where shall we meet?

男：How about at eleven at the station?

女：OK. See you then.

Question：When are Ken and Lisa going to buy a birthday present for his sister?

ア This Saturday.　イ　This Sunday.　ウ　Tomorrow.　エ　Next Monday.

No.2

女：Hello?

男：Hello. This is Tom. Can I speak to Eita, please?

女：Hi, Tom. I'm sorry, he ★is out now.
Do you ★want him to call you later?

男：Thank you, but I have to go out now. ★Can I leave a message?

女：Sure.

男：Tomorrow we are going to do our homework at my house. ★Could you ask him to bring his math notebook?
I have some questions to ask him.

女：OK, I will.

Question：What does Tom want Eita to do?

ア　To do Tom's homework.　イ　To bring Eita's math notebook.
ウ　To call Tom later.　エ　To leave a message.

★Are you free?
「（時間が）空いている？」

★be out
「外出している」
★want＋人＋to ～
「(人)に～してほしい」
★Can I leave a message?
「伝言をお願いできますか？」

★Could you ～？
「～していただけませんか？」

音声を聞く前に選択肢を読み比べて，質問される人や内容を考えておこう。対話が長いので，ポイントをしぼってメモをとろう。

日本語訳

No.1

（男）：姉（妹）の誕生日プレゼントを買おうと思っているんだ。リサ，一緒に来てくれない？

（女）：いいわよ，ケン。

（男）：明日は空いてる？

（女）：ごめんね，明日は行けないわ。彼女の誕生日はいつ？

（男）：次の月曜日だよ。じゃあ，<u>この土曜日か日曜日はどう？</u>

（女）：<u>土曜日は都合がいいわ。</u>

（男）：ありがとう。

（女）：何時にどこで待ち合わせる？

（男）：11時に駅でどうかな？

（女）：ええ。じゃあそのときね。

Question：ケンとリサはいつ彼の姉（妹）の誕生日プレゼントを買うつもりですか？

⑦　この土曜日。　　イ　この日曜日。　　ウ　明日。　　エ　次の月曜日。

選択肢より，曜日に注意してメモをとろう。This Saturday.「この土曜日」の**ア**だね。

No.2

（女）：もしもし？

（男）：もしもし。トムです。英太さんをお願いできますか？

（女）：こんにちは，トム。ごめんね，彼は今外出しているわ。あとでかけ直すようにしましょうか？

（男）：ありがとうございます，でもすぐに外出しないといけないんです。伝言をお願いできますか？

（女）：いいわよ。

（男）：明日，僕の家で一緒に宿題をすることになっています。<u>数学のノートを持ってくるよう彼に頼んでいただけませんか？</u>彼にいくつか尋ねたいことがあるんです。

（女）：わかったわ，伝えておくわ。

Question：トムが英太にしてほしいことは何ですか？

ア　トムの宿題をすること。　　イ　**数学のノートを持ってくること。**
ウ　あとでトムに電話すること。　　エ　伝言を残すこと。

選択肢より，英太がトムに対してすること（トムが英太にしてほしいこと）を選ぼう。トムは3回目の発言でイの内容の伝言を伝えたんだね。

No.3 　⦿：Hi, Mike. *What kind of book are you reading?

　⦿：Hi, Rio. It's about *ukiyoe* pictures. I learned about them last week.

　⦿：I see. You can see *ukiyoe* in the city art museum now.

　⦿：Really? I want to visit there.

　　In my country, there are some museums that have *ukiyoe*, too.

　⦿：Oh, really? I *am surprised to hear that.

　⦿：I have been there to see *ukiyoe* once.

　　I want to see them in Japan, too.

　⦿：I went to the city art museum last weekend.

　　It was very interesting. You should go there.

Question：Why was Rio surprised?

⦿　Because Mike said some museums in his country had *ukiyoe*.
イ　Because Mike learned about *ukiyoe* last weekend.
ウ　Because Mike went to the city art museum in Japan last weekend.
エ　Because Mike didn't see *ukiyoe* in his country.

No.4 　⦿：Hello, Hiroshi. How was your holiday?

　⦿：It was great, Lisa. I went to Kenroku-en in Kanazawa. It is a beautiful Japanese garden.

　⦿：How did you go there?

　⦿：I took a train to Kanazawa from Toyama.

　　Then I wanted to take a bus from Kanazawa Station, but there were many people. So I *decided to walk.

　⦿：Oh, really? How long did it take *from the station to Kenroku-en?

　⦿：About 25 minutes. I saw many people from other countries.

　⦿：I see. Kanazawa is an *international city.

Question：Which is true?

ア　It took about 25 minutes from Toyama to Kanazawa.
イ　Hiroshi walked from Kanazawa Station to Kenroku-en.
ウ　Hiroshi went to many countries during his holiday.
エ　Hiroshi took a bus in Kanazawa.

★What kind of 〜?
「どんな種類の〜？」

★be surprised to 〜
「〜して驚く」

★decide to 〜
「〜することに決める
／決心する」
★from A to B
「AからBまで」

★international
「国際的な」

No.3
- 女：こんにちは，マイク。どんな本を読んでいるの？
- 男：やあ，リオ。浮世絵についての本だよ。先週それらについて学んだんだ。
- 女：そうなの。今，市立美術館で浮世絵を見ることができるよ。
- 男：本当に？そこに行きたいな。
  僕の国にも，浮世絵のある美術館があるよ。
- 女：え，本当に？それを聞いて 驚いた わ。
- 男：僕は一度そこに浮世絵を見に行ったことがあるよ。
  日本でも見たいな。
- 女：先週末，市立美術館に行ったの。
  とても面白かったわ。あなたも行くべきよ。

Question：なぜリオは驚きましたか？

- ㋐ **マイクが彼の国の美術館に浮世絵があると言ったから。**
- ㋑ マイクが先週末に浮世絵について学んだから。
- ㋒ マイクが先週末に日本の市立美術館に行ったから。
- ㋓ マイクが彼の国で浮世絵を見なかったから。

No.4
- 女：こんにちは，ヒロシ。休みはどうだった？
- 男：すばらしかったよ，リサ。金沢の兼六園に行ったよ。
  美しい日本庭園だよ。
- 女：そこにはどうやって行ったの？
- 男：富山から金沢まで電車に乗ったよ。
  そして金沢駅からはバスに乗りたかったけれど，とてもたくさんの人がいたんだ。それで僕は歩くことにしたよ。
- 女：まあ，本当？駅から兼六園までどれくらい時間がかかったの？
- 男：約25分だよ。外国から来たたくさんの人を見たよ。
- 女：なるほど。金沢は国際都市ね。

Question：どれが正しいですか？

- ㋐ 富山から金沢まで約25分かかった。
- ㋑ **ヒロシは金沢駅から兼六園まで歩いた。**
- ㋒ ヒロシは休みの間にたくさんの国に行った。
- ㋓ ヒロシは金沢でバスに乗った。

第4章　　語句を入れる

基本問題

解答　No.1　（ア）土　（イ）2時30分　（ウ）青

No.2　（ア）博物館〔別解〕美術館　（イ）150　（ウ）生活〔別解〕暮ら

 放送文　

No.1　㊛：David, the festival will ★be held ₇ from Friday to Sunday , right?

　　　㊚：Yes, Kyoko. I'm going to join the dance event at the music hall ₇★ on the second day .

　　　㊛：That's great! Can I join, too?

　　　㊚：Sure. It will start at ₁ three in the afternoon.
　　　　　Let's meet there ₁ 30 minutes before that .
　　　　　We will wear ₉ blue T-shirts when we dance.
　　　　　Do you have one?

　　　㊛：Yes, I do. I'll bring it.

No.2　㊚：What is this building, Kate? It looks very old.

　　　㊛：This is a ₇ museum , Eita.
　　　　　It was built about ₁ 150 years ago and used as a school.

　　　㊚：What can we see here?

　　　㊛：You can see how people ₉ lived ★a long time ago.
　　　　　★Shall we go inside now?

　　　㊚：OK. Let's go.

覚えたい表現
Memory work

★be held
「開催される」

★on the second day「2日目に」

★a long time ago
「昔」
★Shall we 〜?
「(一緒に)〜しましょうか?」

- 21 -

音声を聞く前に空欄を見て，どのような語句が入るか予想しよう。数を聞き取る問題は，アクセントに注意しよう。

日本語訳

解 説
Explanation

No.1　⼥：デイビッド，お祭りは ₇金曜日から日曜日まで 開催されるのよね？

　　　　�男：そうだよ，教子。僕は ₇2日目に 音楽ホールで行われるダンスイベントに参加する予定だよ。

　　　　⼥：いいわね！私も参加していい？

　　　　�男：いいよ。それは午後 ₁3時 に始まるよ。
　　　　　　₁30分前(＝午後2時30分) に現地で待ち合わせしよう。
　　　　　　僕らはダンスをするときに ゥ青いTシャツ を着るんだ。
　　　　　　持っている？

　　　　⼥：ええ，持っているわ。それを持っていくね。

お祭り：
金曜日～日曜日
ダンスイベント：
2日目
開始時刻：午後3時
集合時刻：30分前
Tシャツの色：青色

No.2　�男：この建物は何だろう，ケイト？とても古そうだね。

　　　　⼥：これは ₇博物館 よ，英太。
　　　　　　約 ₁150 年前に建てられて，学校として使われたの。

　　　　�男：ここでは何を見ることができるの？

　　　　⼥：昔の人々がどのように ゥ生活していた かを見られるわ。
　　　　　　では中に入りましょうか？

　　　　�男：うん。行こう。

ア
museum「博物館／美術館」を聞き取ろう。
イ
one hundred and fifty(＝150)
fiftyのアクセントに注意。fiftyのアクセントは前にあるよ。
ウ
how以下が間接疑問。lived「生活していた」を聞き取ろう。

－ 22 －

練習問題

解答　No.1　（ア）Sunday　（イ）11 (in the morning)　No.2　（ア）learn　（イ）Thursday

 放送文　 10

No.1

男：Hi, Lisa. This is Mike. How's everything?

女：Great, thanks. *What's up?

男：My brother is coming to Fukuoka next Friday and will stay here for three weeks.

How about going to a ramen shop together?

He has wanted to eat ramen in Fukuoka *for a long time.

女：Oh, there's a good ramen shop near my house.

Let's go there.

男：That's great. He will be glad to hear that.

When and where shall we meet?

女：Can you come to my house at ｨ eleven in the morning next Saturday?

Then we can walk to the ramen shop together.

男：I'm sorry, I can't. I'm busy until three in the afternoon that day.

How about *ｨ the same time next ｱ Sunday ?

女：All right. Can I *invite my friend Nancy?

男：Sure. See you then. Bye.

No.2

男：Thank you for coming to our concert today, Aya. How was it?

女：Wonderful! Everyone was great. You especially played the violin very well, James. I really enjoyed the concert.

男：I'm glad to hear that.

女：I want to play the violin, too. ｱ Can you teach me *how to play it ?

男：ｱ Sure. ｨ I'm free every Thursday.

Please come to my house and we can practice together.

女：That's nice! Can I visit you next ｨ Thursday ?

男：Of course.

覚えたい表現
Memory work

★What's up?
「どうしたの？」

★for a long time
「長い間／ずっと」

★the same time
「同じ時間」
★invite 〜
「〜を招く／誘う」

★how to 〜
「〜する方法」

音声で流れない語句を答えなくてはならない場合もあるよ。そのようなときは，前後の内容から考えて語句を導き出そう。

日本語訳

解説 Explanation

No.1　男：もしもし，リサ。マイクだよ。元気？

　　　女：元気よ。どうしたの？

　　　男：兄(弟)が今度の金曜日に福岡に来て，3週間いるんだ。
　　　　　一緒にラーメン屋に行かない？
　　　　　兄(弟)がずっと福岡のラーメンを食べたいって言っててさ。

　　　女：それなら家の近くにおいしいラーメン屋があるわよ。
　　　　　そこに行こうよ。

　　　男：やったあ。兄(弟)もそれを聞いたら喜ぶよ。
　　　　　いつどこで待ち合わせをしようか？

　　　女：今度の土曜日，ィ 午前11時 に私の家に来られる？
　　　　　歩いて一緒にラーメン屋まで行けるわ。

　　　男：ごめん，無理だ。その日は午後3時まで忙しいんだ。
　　　　　今度の ァ 日曜日 の ィ 同じ時間 はどう？

　　　女：いいわよ。友達のナンシーも誘っていい？

　　　男：もちろんだよ。じゃあそのときね。バイバイ。

ラーメン屋に行く曜日と時間を答える問題だね。
リサ：土曜日午前11時を提案。
マイク：日曜日の同じ時間を提案。

No.2　男：今日はコンサートに来てくれてありがとう，アヤ。どうだった？

　　　女：素敵だったわ！みんな上手だった。特にあなたはバイオリンをとても上手に演奏していたね，ジェームス。
　　　　　本当にいいコンサートだったわ。

　　　男：それを聞いてうれしいよ。

　　　女：私もバイオリンを弾いてみたいわ。ァ 弾き方を教えてくれない？

　　　男：ァ いいよ。ィ 毎週木曜日は時間があるよ。
　　　　　僕の家においでよ，それなら一緒に練習できるよ。

　　　女：ありがとう！次の 木曜日 に行ってもいい？

　　　男：もちろんだよ。

ア
ジェームスはアヤにバイオリンを教える＝アヤはジェームスからバイオリンを学ぶ。learn「学ぶ」が適切だよ。音声で流れない単語を書く難問だね。practice を入れると後ろのfrom youと合わないから不適切だね。

イ
Thursday「木曜日」を聞き取ろう。

第5章　　　　対話と質問（複数）

基本問題

解答	No.1　イ　　No.2　ア　　No.3　イ　　No. 4　ア

 放送文　

男：Hello, Ms. Brown.

女：Hi, Kenji. You don't look well today. *What happened?

男：Last week we had a basketball game.

I was *so nervous that I couldn't play well.

No.1 イ Finally, our team lost the game.

女：Oh, I understand how you feel.

I played basketball for ten years in America.

I felt nervous during games, too.

男：Oh, did you? No.2 ア I always *feel sorry for my friends in my team when I make mistakes in the game.

女：Kenji, I had the same feeling. When I made a mistake in the game, I *told my friends that I was sorry.

But one of my friends said, "Don't feel sorry for us. We can *improve by making mistakes. You can try again!"

She told me with a big smile.

Her words and smile *encouraged me.

*Since then, I have *kept her words in mind.

男：Thank you, Ms. Brown. I learned a very important thing from you. No.4 ア Now I believe that I can improve my basketball skills by making mistakes.

女：Great, Kenji! I'm glad to hear that. No.3 イ When is your next game?

男：Oh, No.3 イ it's in November. Please come to watch our game!

女：Sure. I'm *looking forward to seeing it. Good luck.

男：Thank you, Ms. Brown. I'll *do my best.

覚えたい表現
Memory work

★What happened?
「何かあった？」

★so…that～
「とても…なので～」

★feel sorry for～
「～に申し訳なく思う」

★tell＋人＋that～
「(人)に～と言う」

★improve
「上達する」

★encourage～
「～を励ます」
★since then
「それ以来」
★keep～in mind
「～を心に留める」

★look forward to ～ing
「～することを楽しみにする」
★do one's best
「ベストを尽くす」

- 25 -

音声を聞く前に問題文や選択肢を読んでおこう。対話が長いので，集中力を切らさず，答えに関する内容を正しく聞き取ってメモしよう。

日本語訳

男：こんにちは，ブラウン先生。

女：あら，ケンジ。今日は元気がないわね。何かあった？

男：先週，バスケットボールの試合がありました。

とても緊張してうまくプレーできなかったんです。

No.1 ィ 結局，僕らのチームは試合に負けてしまいました。

女：まあ，私はあなたの気持ちがわかるわ。

私はアメリカで10年間バスケットボールをしていたの。

私もゲーム中に緊張していたわ。

男：先生もですか？ No.2 ァ 僕は試合でミスをしたとき，いつもチームの友達に申し訳なく思います。

女：ケンジ，私も同じ気持ちだったわ。試合で自分がミスをしたとき，友達に謝っていたの。

でも，友達の１人が，「申し訳なく思うことはないわ。

私たちはミスをすることで上達するの。

また挑戦すればいいのよ！」と満面の笑みで言ってくれたのよ。

彼女の言葉と笑顔に励まされたわ。

それ以来，彼女の言葉を心に留めているの。

男：ありがとうございます，ブラウン先生。僕は先生からとても大切なことを学びました。No.4 ァ 今はミスをすることによってバスケットボールの技術を上達させられると信じています。

女：すごい，ケンジ！それを聞いてうれしいわ。No.3 ィ 次の試合はいつ？

男：ああ，No.3 ィ 11月にあります。僕たちの試合を見に来てください！

女：いいわ。試合を見るのを楽しみにしているわ。がんばってね。

男：ありがとうございます，ブラウン先生。ベストを尽くします。

解 説
Explanation

・先週の試合でケンジのチームは負けた。

・ブラウン先生はアメリカで10年間バスケットボールをしていた。

・ケンジはミスをすると友達に申し訳ないと思う。

・ブラウン先生はミスをすると友達に謝っていた。

・しかし，ブラウン先生の友達がまた挑戦すればいいと言った。その言葉と笑顔に励まされた。

・ケンジはブラウン先生からとても大切なことを学んだ。今ではミスをすることでバスケットボールの技術が上達すると信じている。

・ケンジの次の試合は11月にある。

・ブラウン先生は試合を楽しみにしている。

・ケンジはベストを尽くすつもりだ。

練習問題

解答　No.1　イ　　No.2　イ　　No.3　エ　　No.4　エ

 放送文　

女：Hi, Daiki. What will you do during the spring vacation?

男：My family will spend five days in Tokyo with my friend, Sam.
He is a high school student from Sydney. I met him there.

女：I see. No.1 イ Did you live in Sydney?

男：No.1 イ Yes. My father worked there when I was a child.
Sam's parents *asked my father to take care of Sam in Japan.
No.2 イ He will come to my house in Osaka next week.

女：Has he ever visited Japan?

男：No, he hasn't. I haven't seen him for a long time, but we often send e-mails to *each other.

女：How long will he stay in Japan?

男：For ten days. No.3 エ Have you ever been to Tokyo, Cathy?

女：No.3 エ No, but I'll visit there this May with my friend, Kate.
She lives in America. Do you often go to Tokyo?

男：Yes. My grandmother lives there.
We will visit the zoo and the museum with her.
We will also go shopping together.

女：*That sounds good. Sam will be very glad.

男：I hope so. Well, I sent him a book about Tokyo which has *a lot of beautiful pictures.

女：Cool. I also want to give a book like that to Kate because No.4 エ she likes taking pictures of beautiful places.
*Actually, she has been to many foreign countries to take pictures.

男：That's interesting. I like taking pictures, too.
So I want to see the pictures she took in other countries.

女：OK. I'll tell her about that.

男：Thank you.

Question No.1：Where did Daiki live when he was a child?

Question No.2：Who will come to Daiki's house next week?

Question No.3：Has Cathy visited Tokyo before?

Question No.4：What does Kate like to do?

覚えたい表現
Memory work

★ask＋人＋to ～
「(人)に～するように頼む」

★each other
「お互いに」

★That sounds good.
「それはいいね」
★a lot of ～
「たくさんの～」

★actually
「実際に／実は」

ダイキとキャシーの対話。ダイキの友達のサムと，キャシーの友達のケイトも出てくるよ。音声を聞きながら，誰が何をしたかをメモしよう。

日本語訳

女：こんにちは，ダイキ。春休みは何をするの？

男：家族で，友達のサムと一緒に東京に5日間滞在するよ。サムはシドニー出身の高校生だよ。僕はシドニーで彼と知り合ったんだ。

女：そうなんだ。No.1ィあなたはシドニーに住んでいたの？

男：No.1ィそうだよ。僕が子どものころ，父がシドニーで働いていたんだ。サムの両親が，日本に行くサムの面倒を見てくれるよう父に頼んだんだよ。
No.2ィサムは来週，大阪の我が家に来るよ。

女：彼は日本に来たことがあるの？

男：ないよ。僕も長いこと彼に会っていないんだ，でもお互いによくメールを送り合っているよ。

女：彼は日本にどのくらい滞在するの？

男：10日間だよ。No.3ェキャシーは東京に行ったことある？

女：No.3ェいいえ，でも友達のケイトと，今年の5月に行くつもりよ。彼女はアメリカに住んでいるわ。あなたはよく東京に行くの？

男：うん。祖母が住んでいるんだ。
僕たちは，祖母と一緒に動物園と博物館に行く予定だよ。
それから一緒に買い物にも行くつもりなんだ。

女：それはいいわね。サムはとても喜ぶと思うわ。

男：そうだといいな。そういえば，僕はサムに，素敵な写真がたくさん載っている東京に関する本を送ったんだよ。

女：いいわね。私もそういう本をケイトに送りたいわ，No.4ェ彼女は美しい場所の写真を撮るのが好きだから。
実は，彼女は写真を撮るためにたくさん外国に行っているのよ。

男：それは興味深いな。僕も写真を撮るのが好きだよ。
だから彼女が外国で撮った写真を見たいな。

女：わかった。彼女にそう伝えておくわ。

男：ありがとう。

Question No.1：ダイキは子どものころ，どこに住んでいましたか？

Question No.2：来週，誰がダイキの家に来ますか？

Question No.3：キャシーは以前，東京に行ったことがありますか？

Question No.4：ケイトは何をするのが好きですか？

解説 Explanation

No.1
ダイキについての質問だね。ダイキは幼少期にシドニーに住んでいたと言っているね。

No.2
ダイキの家に来るのは，ダイキの友達のサムだね。

No.3
キャシーは，東京に行く予定はあるけれど，まだ行ったことはないと言っているね。Has Cathy 〜？と聞かれたから，No, she hasn't. と答えよう。

No.4
キャシーが友達のケイトの好きなことを紹介しているね。

← さらに詳しい解説

第６章　　　　英文と質問（複数）

基本問題

解答　No.1　ア　　No.2　エ　　No.3　ウ

 放送文　

Today is the last day before summer vacation.

From tomorrow, you'll have twenty-five days of vacation and I'll give you some homework to do.

For your homework, you must write a report about the problems in the ★environment and you must use ★more than one hundred English words.

We've ★finished reading the textbook about the problems in the environment.

So, No.1 ア in your report, you must write about ★one of the problems in the textbook that is interesting to you.

★The textbook says that there are many kinds of problems like water problems or fires in the mountains.

No.2 エ The textbook also says that everyone in the world must continue thinking about ★protecting the environment from these problems.

If you want to know more about it, use the Internet or books in the city library.

No.3 ウ Please give me your report at the next class.

I hope you enjoy this homework and have a good vacation.

覚えたい表現
Memory work

★environment
「環境」
★more than ～
「～以上」
★finish ～ ing
「～し終える」

★one of ～
「～の１つ」

★the textbook says
(that)～「教科書に
は～と書いてある」

★protect A from B
「BからAを守る」

- 29 -

音声を聞く前に，問題文，質問，選択肢の内容から，聞き取るべきキーワードをイメージできたかな？それらのキーワードに関連する部分を中心にメモをとろう。

日本語訳

今日は夏休み前の最終日です。

明日からみなさんは25日間の休暇に入るので，宿題を出します。

みなさんは宿題として，環境問題についてのレポートを書いてください，なお，英単語を100語以上使わなければいけません。

私たちは環境問題についての教科書を読み終えました。

ですから No.1 ァレポートでは，教科書の中で自分の興味がある問題の1つについて書いてください。

教科書には，水問題や山火事のような，多くの種類の問題があると書いてあります。

No.2 ェまた，教科書には，世界中の誰もが，これらの問題から環境を守ることを考え続けなければいけない，とも書いてあります。

もっと詳しく知りたい人は，インターネットや市立図書館にある本を利用してください。

No.3 ゥレポートは，次の授業で私に提出してください。

みなさんがこの宿題を楽しみ，良い休暇を過ごすことを願っています。

解説
Explanation

・夏休み前の最終日。明日から25日間の休みに入る。

・環境問題についてのレポートを書く。英単語を100語以上使う。

・環境問題についての教科書を読み終えた。

・教科書の中で興味がある問題を選ぶ。

・教科書には世界中の誰もが環境を守ることについて考え続けなければならないと書いてある。

・詳しく知りたい人はインターネットや市立図書館の本を利用する。

・次の授業でレポートを提出する。

練習問題

解答　No.1　イ　　No.2　エ　　No.3　ウ　　No.4　イ

 放送文　

Today, I'll tell you about my grandmother's birthday party.

Before her birthday, I talked about a birthday present for her with my father and mother.

My father said, "Let's go to a cake shop and buy a birthday cake." No.1 イ My mother said, "That's a good idea. I know a good cake shop." But when I saw my bag, I had another idea. I said, "No.2 エ My grandmother made this bag ★as my birthday present last year, so I want to make a cake for her."

They agreed.

No.3 ウ On her birthday, I started making the cake at nine in the morning. My father and mother helped me because that was ★my first time. I finished making it at one in the afternoon.

We visited my grandmother at six and started the party for her.

First, we enjoyed a special dinner with her.

After that, I showed her the cake.

When she saw it, she said, "Wow, did you make it? I'm so happy. Thank you, Kyoko."

I ★was happy to hear that.

No.4 イ Then we ★sang a birthday song for her and ate the cake with her. I'll never forget that wonderful day.

Question No.1：Who knew a good cake shop?

Question No.2：Why did Kyoko want to make a cake for her grandmother?

Question No.3：★How many hours did Kyoko need to make the cake?

Question No.4：What did Kyoko do at her grandmother's birthday party?

覚えたい表現
Memory work

★as ～「～として」

★my first time
「（私にとって）初めてのこと」

★be happy to ～
「～してうれしい」
★sang
sing「歌う」の過去形

★How many
hours ～?
「何時間～?」

選択肢から，No.1は人物，No.2は理由，No.3は時間，No.4は行動についての質問だと推測できるね。関連部分の音声に注意しながら聞き取ってメモをし，質問にそなえよう。

日本語訳

解説 Explanation

今日は，私の祖母の誕生日パーティーについて話そうと思います。

誕生日の前に，私は，祖母にあげる誕生日プレゼントについて両親と話しました。

父は，「ケーキ屋に行って誕生日ケーキを買おう」と言いました。

No.1 ィ母は，「いい考えね。私はおいしいケーキ屋を知っているわ」と言いました。しかし私は，自分のバッグを見て別の考えが浮かびました。

「No.2 ェおばあちゃんは去年，私の誕生日プレゼントとしてこのバッグを作ってくれたの。だから私はケーキを作りたいわ」と私は言いました。両親も賛成してくれました。

No.3 ゥ誕生日当日，私は午前9時からケーキを作り始めました。ケーキ作りは初めてのことだったので，両親が手伝ってくれました。私は午後1時にケーキを作り終えました。

私たちは6時に祖母の家に行き，パーティーを始めました。

まず，一緒にごちそうを楽しみました。

その後，私は祖母にケーキを見せました。

それを見ると，祖母は，「まあ，自分で作ったの？とってもうれしいわ。ありがとう，教子」と言いました。

私はそれを聞いてうれしくなりました。

No.4 ィそれから私たちは，祖母のために誕生日の歌を歌って，一緒にケーキを食べました。私はあの素晴らしい日を決して忘れません。

Question No.1：おいしいケーキ屋を知っていたのは誰ですか？

Question No.2：教子はなぜ祖母にケーキを作ってあげたかったのですか？

Question No.3：教子はケーキを作るのに何時間かかりましたか？

Question No.4：教子は祖母の誕生日パーティーで何をしましたか？

No.1
おいしいケーキ屋を知っていた人は，ケーキを買おうと言ったお父さんではないよ。教子のお母さんだね。

No.2
おばあちゃんがバッグを作ってくれたから，自分も手作りのものをあげたいと思ったんだね。

No.3
午前9時から午後1時までだから，4時間だね。

No.4
教子が話したのは，イの「祖母のために両親と誕生日の歌を歌った」だね。

第７章　作　文

基本問題

解答　No.1　（例文）We can give her some flowers.
　　　No.2　（例文）I can play soccer with him. It's bcause I can talk with him in Japanese while we are playing soccer.

 放送文 ○15

No.1　女：Hi, John. Do you know our classmate Eiko will leave Tokyo and live in Osaka from next month?
　　　　We have to ★say goodbye to her soon.
　　　男：Really, Kyoko? I didn't know that. I'm very sad.
　　　女：Me, too. Well, let's do something for Eiko.
　　　　What can we do?
　　　男：（　　　　）

★say goodbye to ～
「～にさよならを言う」

No.2　Hello, everyone.

Next week a student from Australia will come to our class and study with us for a month.

His name is Bob.

He wants to enjoy his stay.

He likes sports very much and wants to learn Japanese.

Please tell me what you can do for him and why.

日本語訳

解説 Explanation

No.1　女：こんにちは，ジョン。クラスメートのエイコが東京を去り，

来月から大阪に住むことになったって知ってる？

もうすぐさよならを言わなければならないわ。

男：本当に，教子？それは知らなかったよ。とても悲しいね。

女：私もよ。エイコのために何かしましょう。

何ができるかしら？

男：（　　　　　）

No.1
東京から大阪へ引っ越すクラスメートにしてあげられることを書こう。
（例文の訳）
「花束をあげることができるね」
「（人）に（もの）をあげる」＝give＋人＋もの

No.2　みなさん，こんにちは。

来週，オーストラリアから1人の留学生がこのクラスに来て，

一緒に1か月間勉強する予定です。

彼の名前はボブです。

彼はこの滞在を楽しみたいと思っています。

彼はスポーツが大好きで，日本語を学びたいと思っています。

あなたが彼のためにできることと，その理由を教えてください。

No.2
スポーツが大好きで日本語を学びたい留学生のためにできることと，その理由を書こう。
（例文の訳）
「僕は彼と一緒にサッカーをすることができます。サッカーをしながら，彼と日本語で話をすることができるからです」

練習問題

解答　No.1　ウ　　No.2　They should tell a teacher.

No.3　（例文）I want to go to America because there are a lot of places
to visit.

 放送文　 **16**

★Welcome to our school. I am Lucy, a second-year student of
this school. We are going to show you around our school today.
Our school was built in 2019, so it's still new.

Now we are in the gym.

We will start with the library, and I will ★show you how to use it.
Then we will look at classrooms and the music room, and No.1 ウ we
will finish at the lunch room. There, you will meet other
students and teachers.

After that, we are going to have ★a welcome party.

There is something more I want to tell you.

We took a group picture ★in front of our school.

No.2 If you want one, you should tell a teacher tomorrow.

Do you have any questions?

Now let's start.

Please come with me.

Question No.1：Where will the Japanese students meet other
students and teachers?

Question No.2：If the Japanese students want a picture, what
should they do tomorrow?

Question No.3：If you study abroad, what country do you want to
go to and why?

覚えたい表現
Memory work

★Welcome to ～.
「～へようこそ」

★show＋人＋もの
「（人）に（もの）を見
せる」

★a welcome
party「歓迎会」

★in front of ～
「～の前で」

「…ので〜したい」＝I want to 〜 because …. は英作文でよく使う形なので覚えておこう。

日本語訳

解説
Explanation

私たちの学校へようこそ。私はルーシー，この学校の２年生です。

今日はみなさんに学校を案内します。

私たちの学校は2019年に建てられました，ですからまだ新しいですね。

私たちは今，体育館にいます。

まず図書館から始めましょう，その使い方を教えます。

それから，教室と音楽室を見て，No.1 ｳ最後に食堂を見ます。そこで，みなさんは他の生徒や先生と対面することになっています。

その後，歓迎会をする予定です。

みなさんにお伝えしたいことがもう少しあります。

校舎の前でグループ写真を撮りましたね。

No.2 その写真が欲しい人は，明日先生に申し出てください。

何か質問はありますか？

では行きましょう。

私についてきてください。

Question No.1：日本の生徒はどこで他の生徒や先生と会いますか？

Question No.2：日本の生徒は写真が欲しい場合，明日何をすべきですか？

Question No.3：もしあなたが留学するなら，どの国に行きたいですか，
　　　　　　　　そしてそれはなぜですか？

No.1
他の生徒や先生と対面する場所は食堂＝the lunch roomだから，ｳだね。

No.2
Ifで始まる文の後半の内容を答えればいいね。

No.3
したいこととその理由を答えるときは，
I want to 〜
because …. の形を使おう。
（例文の訳）
「訪れるたくさんの場所があるので，私はアメリカに行きたいです」

覚えたい表現 Memory work **まとめ** ← グループ分け

P3	What do you want to do in the future?	あなたは将来何をしたいですか？
	by bike	自転車で
	Can you 〜 ?	〜してくれませんか？
	Can I 〜 ?	〜してもいいですか？
	look at 〜	〜を見る
	have to 〜	〜しなければならない
P5	What's the matter?	どうしたの？
	last night	昨夜
	go to bed	寝る
	get up	起きる
	for 〜（期間を表す言葉）	〜の間
	stop 〜 ing	〜することをやめる
	How about 〜 ?	〜はどうですか？
	Thank you for 〜 ing.	〜してくれてありがとう
	for 〜（対象を表す言葉）	〜のために
P7	What time shall we meet?	何時に待ち合わせる？
	the ＋最上級＋ in ＋○○	○○の中で最も…
	no ＋人	（人）が1人も〜ない
	I've never 〜 .	私は一度も〜したことがない
	keep ＋人／もの＋状態	（人／もの）を（状態）に保つ
P9	school festival	学園祭
	look 〜	〜のように見える
	next to 〜	〜のとなりに
	I hear (that) 〜 .	〜だそうだ
	be good at 〜 ing	〜することが得意だ
	be glad to 〜	〜してうれしい
	over 〜	〜以上
	make a speech	スピーチをする
	the number of 〜	〜の数
	keep 〜 ing	〜し続ける
	go up	増加する
	go down	減少する
P11	Have you ever been to 〜 ?	〜に行ったことがありますか？
	May I help you?	お手伝いしましょうか？／いらっしゃいませ
	look for 〜	〜を探す
	What are you going to do?	何をするつもりですか？
	go fishing	釣りに行く
	May I speak to 〜 ?	（電話で）〜さんをお願いてきますか？
P13	You have the wrong number.	番号が違っています
	I've just ＋過去分詞 .	ちょうど〜したところだ
	be famous for 〜	〜て有名てある
	How long does it take to 〜 ?	〜するのにどれくらい時間がかかりますか？
	There is no 〜 .	〜がない
P15	be ready	準備がてきている
	tell ＋人＋ to 〜	（人）に〜するように言う
	Would you like some more?	もう少しいかが？
	How much 〜 ?	〜はいくらですか？

P17	Are you free?	(時間)が空いている？
	be out	外出している
	want ＋ 人 ＋ to ～	(人)に～してほしい
	Can I leave a message?	伝言をお願いできますか？
	Could you ～ ?	～していただけませんか？
P19	What kind of ～ ?	どんな種類の～？
	be surprised to ～	～して驚く
	decide to ～	～することに決める／決心する
	from A to B	AからBまで
	international	国際的な
P21	be held	開催される
	on the second day	2日目に
	a long time ago	昔
	Shall we ～ ?	(一緒に)～しましょうか？
P23	What's up?	どうしたの？
	for a long time	長い間／ずっと
	the same time	同じ時間
	invite ～	～を招く／誘う
	how to ～	～する方法
P25	What happened?	何かあった？
	so…that ～	とても…なので～
	feel sorry for ～	～に申し訳なく思う
	tell ＋ 人 ＋ that ～	(人)に～と言う
	improve	上達する
	encourage ～	～を励ます
	since then	それ以来
	keep ～ in mind	～を心に留める
	look forward to ～ ing	～することを楽しみにする
	do one's best	ベストを尽くす
P27	ask ＋ 人 ＋ to ～	(人)に～するように頼む
	each other	お互いに
	That sounds good.	それはいいね
	a lot of ～	たくさんの～
	actually	実際に／実は
P29	environment	環境
	more than ～	～以上
	finish ～ ing	～し終える
	one of ～	～の1つ
	the textbook says (that) ～	教科書には～と書いてある
	protect A from B	BからAを守る
P31	as ～	～として
	my first time	(私にとって)初めてのこと
	be happy to ～	～してうれしい
	sang	sing「歌う」の過去形
	How many hours ～ ?	何時間～？
P33	say goodbye to ～	～にさよならを言う
P35	Welcome to ～ .	～へようこそ
	show ＋ 人 ＋ もの	(人)に(もの)を見せる
	a welcome party	歓迎会
	in front of ～	～の前で

聞き違いをしやすい表現
Easy to mistake

 17

1　聞き違いをしやすい数

サーティーン　　　　　サーティ
thirteen 「13」と thirty 「30」

 アクセントの位置に着目

後　　　　　前
thirteen 「13」と thirty 「30」

フォーティーン　　フォーティ
fourteen 「14」と forty 「40」

フィフティーン　　　フィフティ
fifteen 「15」と fifty 「50」

シックスティーン　　シックスティ
sixteen 「16」と sixty 「60」

セブンティーン　　　　セブンティ
seventeen 「17」と seventy 「70」

エイティーン　　　エイティ
eighteen 「18」と eighty 「80」

ナインティーン　　　ナインティ
nineteen 「19」と ninety 「90」

2　聞き違いをしやすい英語

キャン　　　　　　　キャン(ト)
can 「できる」と can't 「できない」

 次の単語との間に着目

間がない　　間がある
can ～　　　　can't ～

ウォント　　　　　　　ワントゥ
won't 「しないつもり」と want to 「したい」

フェアー　　　　　フェン
where 「どこ？」と when 「いつ？」

3　同じ発音で違う意味の英語

ワン　　　　　　　　ワン
won 「勝った」と one 「1」

 単語の位置や文の意味で判断

「アイ ワン ザ プライズ」だったら
　　　　　　→ I won the prize.
　　　　　　　　私は賞を勝ち取りました

レッド　　　　　レッド
red 「赤」と read 「読んだ」

「アイ チョゥズ ワン」だったら
　　　　　　→ I chose one.
　　　　　　　　私は1つを選びました

4　セットで読まれる英語

ゼァリズ
There is

 連語表現の発音に慣れよう

「ゼァー」と「イズ」を続けて読むと「ゼァリズ」
There　　　　is

ゲラップ	ピカップ	オプニット	シェイキット	トーカバウト	ハフトゥ
get up	pick up	open it	shake it	talk about	have to
ワノブ	ウォンチュー	ミーチュー	ディジュー	ミシュー	
one of	want you	meet you	Did you	miss you	

高校入試対策

英語リスニング 練習問題

基本問題集

contents

※解答集は別冊です

はじめに

　グローバル化が急速に進展する中で，外国語によるコミュニケーション能力は，一部の業種や職種だけでなく，今後の生活の様々な場面で必要になってきます。

　学習指導要領では，小・中・高等学校での一貫した外国語教育を通して，外国語による「聞くこと」，「読むこと」，「話すこと」，「書くこと」の４つの技能を習得し，簡単な情報や考えなどを理解したり伝えあったりするコミュニケーション能力を身につけることを目標としています。

　これを受けて，高校入試の英語リスニング問題は，公立高校をはじめ私立高校においても，問題数の増加や配点の上昇が顕著になってきています。

　本書は，全国の高校入試の英語リスニングでよく出題されるパターンを，７つの章に分類し，徹底的に練習できるようになっています。リスニングの出題形式に慣れるとともに，解き方，答え合わせや復習のしかたがよく分かるようになるので，限られた時間の中で効率よく学習ができます。

　高校入試の英語リスニング問題は，基礎的な単語や文法が中心で，長文読解問題に比べればそれほど複雑な内容ではありません。聴き取れれば解ける問題ばかりです。

　本書で，やさしい問題から入試レベルの問題までを繰り返し練習し，入試本番の得点力を身につけてください。

この問題集の特長と使い方

１．準備をする！

　高校入試では一斉リスニングの場合がほとんどです。できればイヤホン（ヘッドホン）を使わずに，CD プレイヤーやスピーカーを準備しよう。

　問題は，章ごとに「基本問題」と「練習問題」があります。「基本問題」に取りかかる前に，「 ポイント」を読んでおこう。 ヒント や メモ ， ミスに注意 にも，あらかじめ目を通しておこう。

２．問題に取り組む！

　準備ができたら，集中して音声を聴こう。間違えてもいいので必ず答えを書くことを心がけよう。

３．解答だけを確認する！

　ひとつの問題を解き終えたら，解答集ですぐに答え合わせをしよう。このとき，まだ放送文や日本語訳は見ないでおこう。解答だけを確認したら，もう一度音声を聴こう。正解した問題は聴き取れたところを，間違えてしまった問題は聴き取れなかったところを，意識しながら聴いてみよう。

４．放送文を確認する！

　今度は，解答集の放送文（英文）を目で追いながら音声を聴いてみよう。このとき，キーワードやキーセンテンス（カギとなる重要な文）を確実に聴き取れるまで何度も繰り返し聴いてみよう。途中で分からなくなったら最初から聴き直そう。

5. 覚えたい表現やアドバイスを確認する！

　解答集では，英語リスニング問題でよく出る「覚えたい表現」や，同じパターンの問題を解くときのコツなどをアドバイスしています。よく読んでおこう。

6. 日本語訳を確認する！

　解答集は，放送文と日本語訳が見開きのページに載っているので，照らし合わせながら確認しよう。内容を正しく理解できているか，会話表現の独特な言い回しをきちんと把握できているかを確認しよう。知らなかった単語や表現はここでしっかりと覚えておこう。

この章の問題を解くときの**ポイント**です。**基本問題**に取りかかる前に，読んでおこう。

各章に**基本問題**と**練習問題**があります。**基本問題**でコツをつかんでから**練習問題**にチャレンジしよう。

正答数を書きます。2回目に解くときに1回目を上まわれるようがんばろう。

第2章　　　　次の一言

・音声を聞く前に，選択肢の内容を読み比べておこう。
・対話を聞いて，最後の英文をメモしよう。
・最後の英文が質問→質問の答えを選ぶ。質問ではない→話の流れに合うものを選ぶ。

基本問題　難易度 ★★☆☆☆　　5　　正答数 □□／4　解答 ➡ P11

問題の難易度です。★の数が多いほど難易度が高くなります。

CDのトラックナンバーです。

解答 ➡ P11
解答集（別冊）のページです。

イ　For six days.
ウ　With my family.

基本問題 の，

ヒント　問題を解くときのヒントをくれる
メモ　音声を聴きながらメモをとるための空欄がある
ミスに注意　間違えやすい所を教えてくれる

に目を通してから音声を聴こう。

Here you are.
I'm just looking.
It's too expensive for me.

Sorry, I'm busy.
I hope the weather will be nice.
Nice to meet you.

No.4
ア　OK. I'll call again later.
イ　Shall I take a message?
ウ　Hello, Yoko. How are you?

No.1　　No.2　　No.3　　No.4

ヒント
最後の英文
How long did you stay there? が聞き取れるかな？

メモ
最後の英文
this one?

ミスに注意
最後の英文が質問ではない→話の流れに合うものを選ぼう。

ヒント
相手が不在だった時，電話をかけた側がよく使う表現を選ぶよ。

- 7 -

🔊　**音声の聴き方**

　CDで音声を聴くことができます。CD以外でも，教英出版ウェブサイトでID番号を入力して音声を聴くことができます。ID番号を入力して音声を聴く方法は，都道府県版（別冊）の1ページをご覧ください。

- 音声を聞く前に選択肢の絵やグラフを見比べておこう。
- 絵やグラフを見比べたら，どんな英文が流れるか予想してみよう。
- 音声を聞きながら，答えに関係しそうな内容をメモしよう。

基本問題A　難易度 ★☆☆☆☆　　正答数　| 1回目 | 2回目 | ／3　解答 ➡ P3

次の対話を聞いて，そのあとの質問に対する答えとして最もふさわしい絵を，**ア**，**イ**，**ウ**，**エ**から1つ選び，記号を書きなさい。

No.1
ア　　　　　　イ　　　　　　ウ　　　　　　エ

> **ヒント**
>
> 職業を選ぶ問題かな？

No.2
ア　　　　　　イ　　　　　　ウ　　　　　　エ

> **ヒント**
>
> 「ヘルメットをかぶって自転車で公園に行き，野球をする」といった話かな？

No.3
ア　　　　　　イ　　　　　　ウ　　　　　　エ

> **メモ**
>
> 卵
>
> みかん　|　　| 個
>
> りんご　|　　| 個
>
> ジュース

No.1		No.2		No.3	

　次の英文や対話を聞いて，そのあとの質問に対する答えとして最もふさわしい絵を，**ア，イ，ウ，エ**から１つ選び，記号を書きなさい。

No.1

ア　　　　　イ　　　　　ウ　　　　　エ

💡ヒント

腕時計＝watch
掛け時計／置き時計
＝clock

No.2

ア　　　　　イ　　　　　ウ　　　　　エ

💡ヒント

天気：雨／雪
移動手段：
徒歩／自転車
どっちかな？

No.3

ア　　　　　イ　　　　　ウ　　　　　エ

📝メモ

昨夜［　　　　］。

今朝［　　　　］。

No.4

ア　　　　　イ　　　　　ウ　　　　　エ

⚠️ミスに注意

AMは午前，PMは午後だね。寝た時刻？
起きた時刻？

No.1		No.2		No.3		No.4	

次の対話を聞いて，そのあとの質問に対する答えとして最もふさわしい絵やグラフを，ア，イ，ウ，エから1つ選び，記号を書きなさい。

No.1

ア　　　　　イ　　　　　ウ　　　　　エ

No.2

ア　　　　　イ　　　　　ウ　　　　　エ

No.3

ア　　　　　イ　　　　　ウ　　　　　エ

No.4　「球技大会で何をやりたいか？」〜クラス別　アンケート結果〜

ア　　　　　イ　　　　　ウ　　　　　エ

No.1		No.2		No.3		No.4	

次の対話や英文を聞いて，そのあとの質問に対する答えとして最もふさわしい絵やグラフを，ア，イ，ウ，エから1つ選び，記号を書きなさい。

No.1

ア　　　　　イ　　　　　ウ　　　　　エ

No.2

No.3

No.4

ア　　　　　イ　　　　　ウ　　　　　エ

No.1		No.2		No.3		No.4	

・音声を聞く前に，選択肢の内容を読み比べておこう。
・対話を聞いて，最後の英文をメモしよう。
・最後の英文が質問→質問の答えを選ぶ。質問ではない→話の流れに合うものを選ぶ。

基本問題　　難易度 ★★☆☆☆　5　　正答数　1回目□ 2回目□ ／4　解答 ➡ P11

次の対話を聞いて，最後の英文に対する受け答えとして最もふさわしいものを，**ア**，**イ**，**ウ**から1つ選び，記号を書きなさい。

No.1
ア　By plane.
イ　For six days.
ウ　With my family.

最後の英文
How long did you stay there? が聞き取れるかな？

No.2
ア　Here you are.
イ　I'm just looking.
ウ　It's too expensive for me.

最後の英文

this one?

No.3
ア　Sorry, I'm busy.
イ　I hope the weather will be nice.
ウ　Nice to meet you.

最後の英文が質問ではない→話の流れに合うものを選ぼう。

No.4
ア　OK. I'll call again later.
イ　Shall I take a message?
ウ　Hello, Yoko. How are you?

相手が不在だった時，電話をかけた側がよく使う表現を選ぶよ。

No.1		No.2		No.3		No.4	

次の対話を聞いて，最後の英文に対する受け答えとして最もふさわしいものを，ア，イ，ウ，エから1つ選び，記号を書きなさい。

No.1

ア　I don't know your phone number.

イ　I see. Do you want to leave a message?

ウ　Can you ask him to call me?

エ　I'm so sorry.

No.2

ア　Sorry. I haven't washed the tomatoes yet.

イ　I don't think so. Please help me.

ウ　Thanks. Please cut these carrots.

エ　All right. I can't help you.

No.3

ア　Ten o'clock in the morning.

イ　Only a few minutes.

ウ　Four days a week.

エ　Every Saturday.

No.4

ア　Sure. I'll do it now.

イ　No. I've never sent him a letter.

ウ　Yes. You found my name on it.

エ　Of course. I finished my homework.

No.1		No.2		No.3		No.4	

- 音声を聞く前に，選択肢の内容を読み比べておこう。
- 対話を聞いて，人物の名前や行動などをメモしよう。
- 質問を聞いて，誰の何についての質問かメモしよう。

基本問題　難易度 ★★☆☆☆ 正答数 [ ] [ ] ／3　解答 ➡ P15

1回目　2回目

次の対話や英文を聞いて，そのあとの質問に対する答えとして最もふさわしいものを，**ア**，**イ**，**ウ**，**エ**から1つ選び，記号を書きなさい。

No.1
ア　She is going to do Mike's homework with her husband.
イ　She is going to cook dinner in the dining room.
ウ　She is going to go to the dining room with Mike.
エ　She is going to eat dinner with her husband and Mike.

No.2
ア　Yes, please. I want more.
イ　Help yourself, Lisa.
ウ　I'm sorry. I can't cook well.
エ　Of course. You can take it.

No.3
ア　They are in the nurse's office.
イ　They are in the library.
ウ　They are at a stationery shop.
エ　They are at a birthday party.

メモ

マイク：[　]が終わった。おなかが[　]。[　]を呼びに行く。
母親：[　]の準備ができた。

ヒント

対話の最後のリサの勧めに対する答えを選ぶよ。

ヒント

選択肢のThey areは共通だね。場所を選ぶ問題だよ。

No.1		No.2		No.3	

次の対話を聞いて，そのあとの質問に対する答えとして最もふさわしいものを，ア，イ，ウ，エから1つ選び，記号を書きなさい。

No.1
ア　This Saturday.
イ　This Sunday.
ウ　Tomorrow.
エ　Next Monday.

No.2
ア　To do Tom's homework.
イ　To bring Eita's math notebook.
ウ　To call Tom later.
エ　To leave a message.

No.3
ア　Because Mike said some museums in his country had *ukiyoe*.
イ　Because Mike learned about *ukiyoe* last weekend.
ウ　Because Mike went to the city art museum in Japan last weekend.
エ　Because Mike didn't see *ukiyoe* in his country.

No.4
ア　It took about 25 minutes from Toyama to Kanazawa.
イ　Hiroshi walked from Kanazawa Station to Kenroku-en.
ウ　Hiroshi went to many countries during his holiday.
エ　Hiroshi took a bus in Kanazawa.

No.1		No.2		No.3		No.4	

第4章　　　語句を入れる

- 音声を聞く前に空欄を見て，聞き取る内容をしぼろう。
- fifteen「15」とfifty「50」などを聞き分けるために，数はアクセントに注意しよう。
- Tuesday「火曜日」とThursday「木曜日」の違いなど，曜日を正しく聞き取ろう。

基本問題　難易度 ★★★★★　◎9　　正答数 [1回目] [2回目] ／6　解答 ➡ P21

No.1　デイビッドと教子の対話を聞いて，【教子のメモ】のア，イ，ウにあてはまる言葉を日本語または数字で書きなさい。

【教子のメモ】

> お祭りのダンスイベント
> ・（　ア　）曜日に行われる。
> ・集合時刻は午後（　イ　）。
> ・集合場所は音楽ホール。
> ・Tシャツの色は（　ウ　）色。

📝メモ

お祭り：
□曜日〜□曜日
ダンスイベント：
□日目
開始時刻：午後□時
集合時刻：□分前
Tシャツの色：□色

No.2　ケイトと英太の対話を聞いて，【英太のメモ】のア，イ，ウにあてはまる言葉を日本語または数字で書きなさい。

【英太のメモ】

> ・古い建物は（　ア　）である。
> ・約（　イ　）年前に建てられ，学校として使われていた。
> ・昔の人々がどのように（　ウ　）していたかを見ることができる。

⚠ミスに注意

アクセントに注意して数を聞き取ろう。

No.1	ア		イ		ウ	
No.2	ア		イ		ウ	

No.1　マイクとリサの対話を聞いて，対話のあとに【リサがナンシーの留守番電話に残したメッセージ】の**ア，イ**にあてはまる言葉を英語または数字で書きなさい。

【リサがナンシーの留守番電話に残したメッセージ】

> Hi, Nancy.　This is Lisa.
> Mike's brother is going to stay in Fukuoka for three weeks.
> So Mike and I have decided to take him to a ramen shop next （　ア　）.
> They will come to my house at （　イ　）, and we will walk to the shop.
> If you want to join us, please tell me.

No.2　ジェームスとアヤの対話を聞いて，対話のあとに【アヤがジェームスに送ったメール】の**ア，イ**にあてはまる言葉を英語で書きなさい。

【アヤがジェームスに送ったメール】

> Hi, James.
> I enjoyed the concert today.
> I am happy because I can （　ア　） how to play the violin from you.
> I will see you at your house on （　イ　）.

No.1	ア		イ	
No.2	ア		イ	

- 音声を聞く前に，問題文をよく読み，登場人物の名前や立場を把握しよう。
- 音声を聞く前に，選択肢（と質問）から聞き取る内容をしぼろう。
- 音声を聞きながら，「誰が何をした」に関する内容をメモしよう。

基本問題　難易度 ★★★☆☆　　　正答数 [1回目] [2回目] ／ 4　解答 ➡ P25

　ALTのブラウン先生とケンジの対話を聞いて，次の質問に対する答えとして最もふさわしいものを，**ア**，**イ**，**ウ**から1つ選び，記号を書きなさい。

No.1　What happened to Kenji's basketball team last week?
　ア　His team won the game.
　イ　His team lost the game.
　ウ　His team became stronger by practicing hard.

No.2　How does Kenji feel when he makes mistakes in the basketball game?
　ア　He always feels sorry for his friends in his team.
　イ　He doesn't understand how he feels.
　ウ　He is encouraged by making mistakes.

No.3　When will Kenji have his next game?
　ア　He will have it in December.
　イ　He will have it in November.
　ウ　He will have it in October.

No.4　Which is true?
　ア　Kenji learned that he could improve his basketball skills by making mistakes.
　イ　Kenji was encouraged by his friend's words and smile.
　ウ　Kenji has played basketball for ten years in America.

📝**メモ**

・先週の試合でケンジのチームは[　]た。
・ブラウン先生は[　]で[　]年間バスケットボールをしていた。
・ケンジはミスをすると[　]に[　]と思う。
・ブラウン先生はミスをすると[　]に[　]いた。
・しかし，ブラウン先生の友達がまた[　]すればいいと言った。その[　]と[　]に励まされた。
・ケンジはブラウン先生からとても[　]なことを学んだ。今ではミスをすることで[　]の技術が[　]すると信じている。
・ケンジの次の[　]は[　]月にある。
・ブラウン先生は[　]を楽しみにしている。
・ケンジは[　]つもりだ。

No.1		No.2		No.3		No.4	

ダイキとキャシーの春休みの予定についての対話を聞いて，そのあとの質問に対する答えとして最もふさわしいものを，**ア，イ，ウ，エ**から１つ選び，記号を書きなさい。

No.1
- ア　He lived in Tokyo.
- イ　He lived in Sydney.
- ウ　He lived in Osaka.
- エ　He lived in America.

No.2
- ア　Cathy will.
- イ　Sam will.
- ウ　Sam's parents will.
- エ　Kate will.

No.3
- ア　Yes, she does.
- イ　No, she doesn't.
- ウ　Yes, she has.
- エ　No, she hasn't.

No.4
- ア　She likes to send e-mails.
- イ　She likes to go shopping.
- ウ　She likes to go to the zoo.
- エ　She likes to take pictures.

No.1		No.2		No.3		No.4	

- 音声を聞く前に，問題文をよく読み，話をする人の名前や立場を把握しよう。
- 音声を聞く前に，選択肢（と質問）から聞き取る内容をしぼろう。
- 音声を聞きながら，キーワードをメモしよう。

基本問題　難易度 ★ ★ ★ ☆ ☆　13　正答数 | 1回目 | 2回目 | ／3　解答 ➡ P29

　ALTのグリーン先生が夏休みの宿題について話をします。それを聞いて，次の質問に対する答えとして最もふさわしいものを，ア，イ，ウ，エから1つ選び，記号を書きなさい。

No.1　生徒たちには，どのような宿題が出されましたか。
- ア　A report about one of the problems written in the textbook.
- イ　A report about what the students did during summer vacation.
- ウ　A report about how to use the city library.
- エ　A report about people around the world.

No.2　教科書には，何をしなければならないと書いてありましたか。
- ア　To read books in the city library for the report.
- イ　To finish writing a report about the problems in our environment.
- ウ　To learn about how the Internet can help the students.
- エ　To keep thinking about protecting our environment.

No.3　生徒たちは，いつ先生に宿題を提出しなければなりませんか。
- ア　After the next class.
- イ　At the end of summer vacation.
- ウ　At the first class after summer vacation.
- エ　At the last class of this year.

📝メモ

- ☐前の☐。明日から☐日間の休みに入る。
- ☐問題についてのレポートを書く。英単語を☐語以上使う。
- ☐についての☐を読み終えた。
- ☐の中で☐がある問題を選ぶ。
- ☐には☐の誰もが環境を☐について考え続けなければならないと書いてある。
- 詳しく知りたい人は☐や☐の本を利用する。
- ☐でレポートを提出する。

No.1		No.2		No.3	

教子が祖母の誕生日パーティーについて話をします。それを聞いて，そのあとの質問に対する答えとして最もふさわしいものを，ア，イ，ウ，エから1つ選び，記号を書きなさい。

No.1
ア　Kyoko's grandmother did.
イ　Kyoko's mother did.
ウ　Kyoko's father did.
エ　Kyoko did.

No.2
ア　Because Kyoko makes a birthday cake every year.
イ　Because Kyoko couldn't buy a cake at the cake shop.
ウ　Because Kyoko's grandmother asked her to make a cake.
エ　Because Kyoko's grandmother made a bag for her.

No.3
ア　Nine hours.
イ　Six hours.
ウ　Four hours.
エ　One hour.

No.4
ア　She enjoyed a special lunch with her grandmother.
イ　She sang a birthday song for her grandmother with her parents.
ウ　She said to her grandmother, "Thank you."
エ　She showed the bag to her grandmother.

No.1		No.2		No.3		No.4	

- 音声を聞く前に，登場人物と作文の条件を確認しよう。
- 本文→質問の順で放送されることが多い。質問は確実に聞き取ろう。
- 自信のない表現は避け，自分が正しく書ける表現を使って英文を作ろう。

基本問題　　難易度 ★★★★☆　　15　　正答数 〔1回目〕〔2回目〕／ 2　解答 ➡ P33

No.1　ジョンと教子の対話を聞いて，教子の最後の問いかけに対する答えを，ジョンに代わって英文で書きなさい。

転校していくクラスメートにしてあげられることを書こう。
We can ～「(僕らは)～できる」の書き出しではじめよう。

No.2　ALTのデイビッド先生の話を聞いて，先生の指示に対するあなたの答えを2文以上の英文で書きなさい。

2文以上で書くよ。
質問で2つのことを聞かれるから，それぞれ1文ずつ書こう。
1文目は主語+can ～「～できる」の形で書くといいね。
2文目の理由は
It's because ～ .
「それは～だからだ」を使おう。

No.1	
No.2	

カナダの高校に留学にきた日本の生徒たちに向けてルーシーが学校の案内をします。その説明を聞いて，次の各問いに答えなさい。

No.1では，そのあとの質問に対する答えとして最もふさわしいものを，**ア，イ，ウ，エ**から1つ選び，記号を書きなさい。

No.2 では，質問に対する答えをルーシーが説明した内容に合うように英文で書きなさい。

No.3 では，質問に対するあなたの答えを英文で書きなさい。

No.1

- ア　In the gym.
- イ　In the library.
- ウ　In the lunch room.
- エ　In front of their school.

No.2　（質問に対する答えを英文で書く）

No.3　（質問に対する答えを英文で書く）

No.1	
No.2	
No.3	

CDトラックナンバー 一覧

🔊 音声の聴き方

　ＣＤで音声を聴くことができます。ＣＤ以外でも，教英出版ウェブサイトでＩＤ番号を入力して音声を聴くことができます。ＩＤ番号を入力して音声を聴く方法は，都道府県版（別冊）の１ページをご覧ください。